Zehntausend Jahre SAHARA

Zehntausend Jahre

Henri J. Hugot
Maximilien Bruggmann

SAHARA

Bericht über ein verlorenes Paradies

Bucher

Inhalt

Aus dem Französischen übertragen
von Claus Braun (Text) und
Dr. Suzanne Haas (Legenden)
Redaktion: Robert Schnieper

Gestaltung: Hans Peter Renner
Schutzumschlag: Hans. F. Kammermann
Karten: Edmund Amstad und Edith Stolz

Sonderausgabe 1984, 1988

Printed in Germany

ISBN 3765804606

Die Zitate wurden folgenden Werken entnommen:

Schutzumschlag: A. de Saint-Exupéry, Die Stadt in der Wüste (La Citadelle), übersetzt von Karl von Nostiz, Karl-Rauch-Verlag, Düsseldorf 1960.

Seite 167: A. de Saint-Exupéry, Wind, Sand und Sterne (Terre des Hommes), übersetzt von Henrik Becker, Karl-Rauch-Verlag, Düsseldorf 1939.

Seite 168: E. S. von Kamphoevener, An Nachtfeuern der Karawan-Serail, Christian-Wegner-Verlag, Hamburg 1956.

Seite 173: A. Camus, Tagebücher 1935 bis 1951, übersetzt von Guido G. Meister, Rowohlt-Verlag, Hamburg 1960.

Karten:

Vorwort

Wenn wir auf unseren langen Reisen durch die Sahara unsere Führer, die Nomaden, die Kameltreiber, die Tuareg und Tubu, fragten, wem sie denn die vorgeschichtlichen Gegenstände – die Pfeilspitzen, Faustkeile und Reibplatten – und die Felsbilder zuschrieben, lautete die Antwort stets: *«Imnas bekri»* – «Den Menschen des Morgens». Während Jahren blieb uns dieses so schlichte und doch so großartige, fast biblische Bild gegenwärtig ... und im biblischen Sinne ist es auch zu verstehen, denn es ist wirklich die Geburt des göttlichen Ebenbildes im fernen Morgengrauen, die wir hier mitzuerleben versuchen.

Sahara – magisches und von den Drohungen des Unbekannten erfülltes Wort. Und dennoch, dieser Inbegriff des «Wüsten und Leeren» bleibt auch nur ein vorübergehender Alptraum, denn weder der unablässig nagende Sand noch die gewaltig groß brennende Sonne noch das drückende Schweigen konnten die unzähligen Spuren zerstören, die jene hinterließen, die diesen Teil des uralten Kontinents besiedelten, als ihn das Wasser noch belebte. Das tragische Schicksal der Sahara macht nachdenklich ... und beunruhigt. Es stört die Sicherheit, die eine immer fruchtbare, beständige Landschaft dem Europäer gegeben hat. Könnte dieses Schicksal auch seiner Heimat eines Tages zustoßen? In diesem Sinnen wird ihm die tiefgründende Unbeständigkeit seines Schicksals und die wahre Größe dieser stolzen und mutigen Menschen besser verständlich, die in dieser ausgeglühten Hölle zu überleben entschlossen sind, in der jede einzelne Palme, auch das bescheidenste Insekt geheiligte Wunder sind. Er wird sie nicht nur verstehen, sondern auch lieben lernen. Und wenn er dann aufmerksam lauscht, wird er im unablässigen Brausen des heißen Windes und der verhaltenen Antwort des Sandes die Stimme der Überlieferung vernehmen. Denn «wenn Gott im Himmel ist, gehört die Erde den Geistern», sagt ein altes Sprichwort, und diese tote Erde ist gesättigt von der Asche jener, die um die Geheimnisse des Lebens wußten. Der Glaube an ein stetes Zwiegespräch zwischen den Wesen und den Dingen war die erste Form geistigen Lebens und Grundlage des Religiösen. Und keine der Heilsbotschaften, die nach Afrika hineingetragen wurden, konnte die Stimme der Vorfahren vergessen lassen. Sie bleibt klar und verständlich für den, der ihr wirklich zuhören will.

Auch diese Reise in das sagenhafte Reich des Sandes soll dem Schutz dieser Geister anheimgestellt sein. Sicher, nicht jeder wird ihre Stimme verstehen, doch um ihre Botschaft zu ahnen, genügt es, einen Sonnenuntergang auf den Dünen des Ténéré erlebt zu haben, wenn der Sand im

1 Der erregende Anblick eines Berges in der Gegend von Yei Lulu Loga (Niger), wenn der Südwind weht. Da ist zunächst eine leichte Brise, dann nimmt die Gewalt des Windes zu, eine schreckliche Wut packt ihn. Dann verwischen sich die Formen der Dinge, das Profil der Berge gemahnt an eine Mondlandschaft. Staub, vermischt mit Sand, steigt in solchen Momenten bis auf dreitausend Meter Höhe.

2 Und noch immer ziehen die Karawanen hindurch ... (Akhreijit, Mauretanien).

3 Das Auf und Ab der Dünen wird zum abstrakten Gemälde ... (Gegend von Fort Polignac, algerische Sahara).

letzten gold- und juwelenfunkelnden Verglühen zum Prunkteppich wird, der vom einen Ende des sternfunkelnden Himmels zum andern reicht. Die Karawane rastet, Feuer flackern auf, und der Augenblick ist gekommen, wo sich die Dschinnen nach dem Gebet der Menschen auf dem fernragenden Dschebel versammeln. Denn obwohl die Saharabewohner gute Muselmanen sind und an Allah glauben, würde es keiner wagen, den gefürchteten Dschinn zu verspotten, der Brunnen versiegen und Kamele sterben lassen kann und den Ungläubigen schlägt. Aberglaube? Wir sind kaum berufen, zu urteilen, die wir an Vernunft und Einsicht glauben, statt ihrer gewiß zu sein.

Der einzige Weg zum Verständnis der Sahara ist die Reise in ihre Vergangenheit. Was geschah denn hier vor zehntausend Jahren? Und was seither? Dieses Buch möchte nur einige der möglichen Antworten auf diese Fragen aufzeigen. Wer dreißig Jahre seines Lebens der Vergangenheit Afrikas gewidmet hat, wird nicht ohne eine tiefe Zuneigung zu diesen Menschen bleiben, deren Vermächtnis so viele Wunder, so viele Beweise der Gemeinsamkeiten mit uns Heutigen und so viele Zeugnisse vertrauter Schwierigkeiten birgt. Möge diese Reise im Geiste, auf die wir den Leser mitnehmen möchten, ihn teilhaben lassen an unserer Begeisterung für das verlorene Paradies, das die seit langem so wüste Sahara einmal war.

4

Phänomen Sahara

Der rote Sand scheint
wie ein grenzenloses Meer,
lautlos flammend und schwer
in seinem Bett dahingestreckt.

Kein Vogel breitet seine Flügel hin
in dichter Luft,
wo eine mächt'ge Sonne glühend kreist.

Leconte de Lisle, *Poèmes barbares* (1862)

4 Noch lange werden in die Natur Verliebte von dieser Düne träumen. Der Wind hat sie geriffelt wie die Welle den Sand auf dem Meeresgrund. Und wenn die Sonne untergeht, ist es ein köstliches Gefühl, sich auf der noch warmen Fläche auszustrecken (Tarfaya, Cap Juby, Marokko).

Beim Lesen des herben und schönen Gedichts von Leconte de Lisle (1818–1894), das vor mehr als einem Jahrhundert geschrieben wurde, beginnen die Träume von verlorenen Horizonten, in die lange danach Pierre Benoît (1886–1962) sein Märchen-Königreich *Atlantis* errichtete. Ein um so romantischerer Traum, als der Autor in der Sicherheit des vertrauten Europa lebte, wo das nahe Wasser vor den tödlichen Wirkungen des Durstes beruhigt und die Hitze der Wüste in der Vorstellung nur nach der verrinnenden Hundstage-Betäubung unserer gemäßigten Breiten bemessen wird.

Allerdings, bei näherem Zusehen müssen wir anerkennen, daß noch eine andere, eine unerbittliche Wüste dieses Bild beeinflußt – jene, die Kino und Literatur als Bühnenbild oder als Darsteller benutzen, Meere von Sand, durch die verschleierte Nomaden ihre Karawanen treiben, von Sonne und Staub eingehüllten Flottillen gleich. Was hinter den aufregenden Streifzügen der *Escadron blanc* auch sein mag, die aus der Fabulierfähigkeit von Joseph Peyré hervorgingen, was auch hinter der visionären Magie eines Saint-Exupéry (1900–1944) sein mag, der den *Kleinen Prinzen* schrieb, dieses Werk, das nur jener wirklich begreifen kann, der einen «Schiffbruch» in der Wüste erlebt hat . . ., was es auch immer sein mag, die Sahara versagt sich unserer Einbildungskraft. Fehlen wird immer das Kribbeln des Sandwindes, der erschütternde Eindruck vom Samum, dem heißen Südwind, verbrannter Lungen, die beklemmende Angst, wenn das Wasser zur Neige geht. Fehlen wird die Abendruhe, fehlen die Stimmung jener Stunden,

5 Sandrose, golden, mineralisch, geruchlos . . . Zum Scherz haben einige Botaniker sie in ihre Pflanzenklassen eingereiht. In Wirklichkeit handelt es sich um ein sehr einfaches Kristallisationsphänomen: Wenn es in einer tieferen Bodenschicht der Sahara Wasser hat, sättigt es sich mit Salzen, zum Beispiel mit Kalziumoxalat. Dieses Wasser steigt, von der Hitze angezogen, gegen die Oberfläche. Doch es verdampft, bevor es sie erreicht, und lagert dabei die Salze ab, die dann diese «Sandrosen» aufbauen (Gegend des Souf, algerische Sahara).

5

wenn ein mageres Feuer den rituell gereichten Tee erwärmt. Fehlen wird die unbeschreibliche Schönheit eines Sonnenaufgangs über den Dünen, wenn ihr schneidender Kamm – *sif* sagen die Nomaden – in altem Gold erglänzt, in überirdischem Grün oder im Violett der Amethyste. Darüber hinaus fehlen die gesegneten Früchte der Armut: die mönchische Entsagung und die Offenheit der Seele.

Welch unvergleichliche Stunden für den vielleicht letzten Abenteurer der Moderne, den Kameltreiber! Ihn, der in ein unendliches Sandmeer versetzt ist, verfolgt das Bild der nächsten Oase.

Die Sahara, diese größte und spektakulärste Wüste, die mit ihrer außergewöhnlichen Trockenheit fast den ganzen Norden Afrikas überzieht, kann eigentlich nicht als ein einheitliches Ganzes erfaßt werden. Vor allem aber ist sie nicht «tot», sie «lebt sich». Aber nicht in den luxuriösen Rastlagern, die dem Tourismus von spezialisierten Reiseagenturen zur Verfügung gestellt werden (bestens mit mechanischen Hilfsmitteln ausgestattet und geschickt in der Verschleierung von Hindernissen), sondern im langsamen Schritt der Kamele und Dromedare, denen die zur Wüste gewordene Sahara ihre ursprüngliche Lebensform genommen hat.

Außerhalb der auf den Karten gestrichelten Posten beginnt erst die Verführung jenes Menschen durch die Wüste, der sich stark genug fühlt, sich mit sich selbst zu messen. Er entdeckt dabei diese tausend Dinge, die dem Schriftsteller zwangsläufig entgleiten und die auch der Maler kaum wiedergeben kann: die große, warme Stille, die zwischen den Dünen nistet, die sinnenerregende Unberührtheit des hellen Sandes: die gefährliche Liebkosung des Windes oder die neue Einschätzung des auf sich selbst und seinen Mut gestellten Menschen.

Auch wenn man sie alle gelesen hätte, die unzähligen Werke über die Sahara, man müßte hier dennoch mehr als woanders feststellen, daß die Wirklichkeit die Fiktion immer übertrifft. Man fragt sich dann zuweilen, ob es überhaupt ein theoretisches Bild der Sahara gibt, das den Autoren als Nachschlagewerk dienen könnte. Im Grund wird es nur drei Elemente geben, die sich immer und überall wiederfinden lassen: die extreme Knappheit des Wassers, die Überfülle des Sandes als die Krankheit der Wüste und die Härte des Klimas. Die Landschaft, die von dieser Trilogie geformt wurde, erscheint in verwirrender Unterschiedlichkeit: unabsehbare Dünen, so weit der Blick reicht, hervorgerufen wie durch einen apokalyptischen Sturm, der auf seinem Höhepunkt geheimnisvoll erstarrte; dann schwarze Steilwände, hochaufragend, ausgeglüht und unüberwindbar. Anderswo taucht der Blick in eine düstere Ebene, übersät von geröteten Steinen, von der Sonne zerfressen und vom Wind gefegt. Eine unendliche Ebene, die unerbittlich in den Horizont greift und ihn auf sich zieht.

Man mag glauben, daß auf diesem von den Göttern verlassenen Boden nichts wächst. Doch hinter einem Felsen entdeckt man einen Dornbusch, dessen goldene Blüte ein kostbares Spitzenmuster aus grünem, mandelförmigem Blattwerk überglänzt. Man mag glauben, daß nichts in dieser Öde lebt, aber einige Meter weiter springt eine Gazelle auf, deren leichte Grazie so lange bezaubert, bis sie mit einigen schönen Sprüngen verschwindet.

Dic Sahara ist ein Land des Widerspruches und eine Stätte der Reflexion. Nichts kann hier erprobt werden, das nicht sorgfältig vorbereitet 6

6, 7, 8 Dieses Bild, am Abend aufgenommen, ruft merkwürdigerweise – selbst im Uneingeweihten – ein Gefühl erdrückender Trostlosigkeit hervor. Übrigens eine eigenartige optische Täuschung, dieser Targui, der scheinbar in einer Lache herumplanscht (6). Doch wir befinden uns hier im Norden des Tassili, und die Illusion rührt einfach von einem Unterschied in der Luftdichte im Kontaktbereich mit dem von der Sonne überhitzten Boden her. Jahre sind vergangen seit dem letzten Regen. Erst am Abend, wenn sich endlich die Schatten einer raren Pflanze auf dem blaß-vielfarbigen Bodenteppich verlängern, zeigt das ungeheure Panorama sein wahres Gesicht. Der Felsen, verloren am Rande des Adrar Ti-n-Amali irgendwo südöstlich von Djanet, erinnert an eine Insel (7). Hat man nicht auch einen Ozean im Sinn, wenn man das Kamel als «Wüstenschiff» bezeichnet?
Wirklich durchquert man die Sahara wie einen Ozean. Es geht dabei geradezu um «Hochseeschiffahrt». Die unendlich scheinenden, von einem ständigen Wind gekräuselten Sandflächen so gut wie die öden, steinigen Hochebenen bieten keinen auch nur halbwegs sicheren Anhaltspunkt für die Orientierung. Nach Kompaß und Karte muß man sich also richten. Übrigens erwartet den Reisenden in dieser fast vollkommenen Wüste, wo die spärlichen Brunnen nur wenig und nicht immer trinkbares Wasser liefern, eine Überraschung; an unzähligen Orten erblickt er, am Boden verstreut, Zeugen intensiven Wasserlebens: Knochen von Flußpferden oder Krokodilen, Gräten riesiger Fische, Muschelschalen. Und wenn es weiterer Beweise bedürfte, müßte man über die Bedeutung der gigantischen Ablagerungen von Diatomeen nachdenken (8), wie sie sich im Djourab des Tschad finden, die aus den mikroskopisch kleinen, siliziumhaltigen Skeletten winzigster Lebewesen bestehen, die in großen, vor zwei- bis dreitausend Jahren gänzlich ausgetrockneten, vier- bis fünftausend Jahre früher aber noch tiefen Seen gelebt hatten.

7

9

worden wäre. Niemand kann hier überleben, der nicht zuerst ganz einfach zu überleben gelernt hätte. Vielleicht liegt es daran, daß die Sahara vom Menschen schon immer Höchstleistungen verlangte: So ist eine Oase immer ein technisches Meisterwerk. Die Reise einer Karawane erheischt ans Wunderbare grenzende Orientierungsfähigkeit. Dies sind um so erstaunlichere Leistungen, als diese Wüste überhaupt nicht einheitlich ist, sondern die gegensätzlichsten Erscheinungsformen zeigt, vereint nur durch eine gemeinsame chronische Krankheit. «Alle Leprakranken ähneln sich, aber Gott weiß, daß das nicht wahr ist», sagt ein afrikanisches Sprichwort. Dennoch läßt sich der unvorbereitete Beobachter durch Erscheinungen leicht täuschen, durch Erscheinungen, die von der Krankheit herrühren. Sie täuschen und sind gefährlich – für den Menschen wie für die Sahara.

Allein der Nomade, der durch Sinne und Herz mit der Wüste vertraut ist, entgeht dieser Täuschung. Er weiß um die Unterschiede. So hat er auch seine bevorzugten Orte, aber auch solche, die er meidet. Nichts gibt ein besseres Bild der Wüste und eine bessere Vorstellung ihrer Größe und ihres Wesens als ein in niedriger Höhe durchgeführter Flug. Von der Höhe der Flugkanzel entdeckt der erstaunte Beobachter ein mächtiges Netz von Flüssen und Strömen, von Schluchten und Seen. Die heute vollkommen ausgetrockneten Flußläufe folgen pausenlos aufeinander. Dieses wunderbare System, das hier sich auf die Größe einiger Bäche reduziert, dort endlos sich verzweigt, breitet sich auf dem Boden wie ein riesiges, lebloses Skelett aus. Der französische Geograph und Saharaspezialist E. F. Gautier (1864–1940) hat die Frage nach dem verheerenden Unglück bereits gestellt, das ein Land traf, das alle Voraussetzungen hatte, zu wachsen und sich zu entfalten. Es ist leichter, darin eine göttliche Heimsuchung zu sehen, als den tieferen Ursachen für diese völlige Veränderung nachzugehen. Untersucht man jedoch aufmerksam den Boden der Sahara, dann entdeckt man überraschend – und fast auf Schritt und Tritt – Beweise einer langen und sehr weit zurückreichenden Besiedlung.

Die Wüste wäre demnach nur der heute vorherrschende, vielleicht sogar vorläufige Zustand eines ungeheuren Gebietes, das ebenso dem Menschen wie der Tier- und Pflanzenwelt offenstand. Das Wasser, Quelle des Lebens, floß reichlich und wurde von den heute ausgetrockneten Sammelbecken aufgefangen, es floß in die großen Ebenen, die von gewaltigen Binnenseen überdeckt waren, von denen der Tschadsee nur noch ein kümmerlicher und sumpfig degenerierter Zeuge ist. Welches Drama hat die Sahara ihres Wassers beraubt, ihre Fruchtbarkeit zerstört und ihre Bewohner auf die Küstenstreifen zurückgedrängt?

Jeder Beobachter gewinnt aus den prähistorischen Funden schnell die Gewißheit, daß die Besiedlung der Sahara durch den Menschen ein langwährender Prozeß war und daß das Land desto unwirtlicher wurde, je mehr sich die Menschen der historischen Zeit näherten. Nichts spricht gegen die Annahme, daß diese Besiedlung schon in den Anfängen der Menschwerdung – zur Zeit der Australopithecinen – begann, fanden sich doch an verschiedenen Punkten sogenannte *pebble-tools,* Geröllwerkzeuge aus sehr grob zubehauenen Flußkieseln oder Feldsteinen, deren Spitze oder Stirnseite durch einige Abschläge zu so etwas wie einer Schneide geformt wurde.

9 Die Geographen haben festgestellt, daß die Erosion in der Sahara nicht den für die gemäßigten Zonen geltenden Regeln unterworfen war. In Europa zum Beispiel gibt es einen mechanischen Abbau, der von der intensiven, durch die Vielzahl der Steilhänge bewirkten Berieselung herrührt. Schon ein einziger Wasserfall in den Alpen transportiert jedes Jahr eine beachtliche Menge Erde und Gestein. Hier nichts dergleichen. Alles scheint zu ewig währender Bewegungslosigkeit erstarrt zu sein. In Wirklichkeit hat man aber vor allem mit dem Sand zu rechnen. Mit unendlicher Geduld, im Zusammenspiel mit dem Wind, benagt er die Felsriffe, von deren Trümmern er sich nährt. Die weicheren Materialien verwandelt er in Spitzen, bevor er sie ganz zerstört; und die andern widerstehen ihm auch nur scheinbar, denn sein Verbündeter, der Wind, weht sozusagen ohne Unterlaß.
Doch nicht nur der Sand verändert die Landschaft. In einer Gegend, wo der Temperaturunterschied zwischen 13 Uhr nachmittags und 1 Uhr morgens 50° überschreiten kann, werden auch die festesten Mineralien einer harten Prüfung unterzogen, und es geschieht nicht selten, daß man sich nachts unter Artilleriebeschuß wähnt: das kommt von den Felsen, die beim Abkühlen mit Getöse zerspringen. Eine Folge dieser «thermischen Zerstörung» sehen wir hier, am Abhang der Hochebene von Tinterhert, unweit von Fort Flatters, dem heutigen Bordj Omar Driss (Algerien).

10, 11 Die Tubu, Bewohner des Tibesti, des mächtigen Bergmassivs zwischen Libyen und dem Tschad, sind die einzigen, denen hier unentgeltlich Thermalkuren zuteil werden. Tatsächlich erfreuen sich die Schwefelquellen von Soboroum bei ihnen eines sehr guten Rufes, denn auch die Saharabewohner bleiben nicht von Rheuma verschont. Allerdings gibt es dort, wo wir Duschen und Badewannen installiert hätten, bis anhin nur die danteske Landschaft eines vulkanischen Kraters mit seinen vielfarbigen Gesteinen, seinen Fumarolen – schweflig stinkenden Gasausbrüchen – und seinen Wasser- und Dampffontänen.

12 In der Sahara sind die Verhältnisse so seltsam, so wenig übereinstimmend mit denen, die unsern Geist geprägt haben, daß wir leicht vergessen, was wir von Geographie wissen. Doch in Wirklichkeit sind wir nur mit einem andern Aspekt unseres Planeten konfrontiert, und angesichts dieses schlafenden, aber nicht erloschenen Vulkans finden wir zu unserem Gefühl für das Universum zurück. Das «Natronloch» ist eine Salzreserve in dem sonst an Salz armen Land. Die Tubu, die es ausbeuten, reservieren das Salz für ihre Tiere.

10

11

Andere schreiben diese Werkzeuge dem *Homo habilis* zu, dem Neuankömmling in der Genealogie unserer Gattung, der vor etwas mehr als zwei Millionen Jahren im östlichen Afrika auftrat. Wie viele Generationen folgten seit jener weit zurückliegenden Epoche im Norden dieses Kontinents aufeinander? Wer wagt eine Zahlenangabe, und wer wird sie jemals wissen? Gewisse Schätzungen scheinen uns allzu irreführend. Zudem ist allein der Prähistoriker an dieses senkrechte und damit auch zeitlich aufeinanderfolgende «Lesen» der Gesteinsschichten gewohnt. Wir haben übrigens noch kaum begonnen, die ziemlich gesicherten Daten zu einer relativ geschlossenen Chronologie zu vereinigen. Und jedesmal, wenn ein menschliches Kettenglied seinen Platz an ein anderes abtritt, verringert sich in der Landschaft die Niederschlagsmenge und neigt sich mehr ihrem Nullpunkt entgegen. Aber dies ist für den Nicht-Fachmann keineswegs offensichtlich.

Dagegen wird auch schon ein Laie leicht zu deutende Beweisstücke finden, die frei an der Oberfläche der Sahara liegen: menschliche Skelette, Knochenreste großer Säugetiere, die ausgestorben sind oder sich in den Süden zurückzogen (langhörnige Riesenbüffel der Gattung *Homoioceras*, Nashorn, Elefant, Flußpferd usw.), Gräten von großen und kleinen Fischen, das Schildpatt der Schildkröten, versteinertes Schilf, Abdrücke von Blättern usw. All dies, sehr oft mit Produkten menschlicher Kultur vermischt (beispielsweise Stein- oder Knochenwerkzeugen des Neolithikums), vermittelt schnell ein erstes Bild der Besiedlung der Sahara, lange bevor das Land zur Wüste wurde.

In einem frühen Abschnitt war die Karte der Sahara durch gewaltige Seen geprägt (siehe S. 112), so den See von Ouargla, in den sich der Wadi Mya ergoß, der von der Hochebene des Tademaït herunterkam, ebenso der Wadi Igharghar, das mächtige Abflußrohr des nördlichen Hoggar, den Tschadsee, der seine Wasser vom Aïr, vom südlichen Hoggar und vom Tibesti empfing, den Tamesna-See ebenso wie den Taoudeni-See und noch viele andere. Diese Situation war von Anfang an durch eine Besonderheit stark bestimmt, die nämlich, daß die Sahara das Wasser, das sie empfing, auch behielt. Mit Ausnahme des Wadi Dra sind alle Systeme abflußlos. Aber die schon beinahe in Meeresdimensionen erscheinenden Seen im Zentrum gingen mit ihrem Wasserspiegel, ausgenommen während einiger besonders feuchter Epochen, stetig zurück. Die Ufer der Flüsse und Seen sowie die Gebirgsregionen zeichneten sich zur selben Zeit durch eine reiche Vegetation aus. Viele der Tierarten, die die damalige Hochsavanne bevölkerten, sollten jedoch lange vor Anbruch der Neuzeit aus Afrika verschwinden. Das goldene Zeitalter der Fruchtbarkeit, das diese ganze Periode charakterisiert, in der die ersten Menschen sich in der Sahara niederließen, ist indes keine Apotheose der Intelligenz: Der Mensch ist noch grob gebildet, noch kaum von jenem tierischen Ausgangspunkt befreit, der untergründig jede spätere Zivilisation weiterhin bestimmen wird. Während Jahrtausenden wird er nicht über jene bescheidenen Kenntnisse hinausgelangen, die für die Herstellung einfachster Steingeräte erforderlich sind. Dieses stereotype Wiederholen erlaubt der Gattung allerdings, lange Zeit zu überleben, so lange, bis in irgendeinem Gehirn das Verständnis für die Wirkungsweise seines Geräts herangereift war: und geboren wurde ein

12 13 ▶

14

neues Werkzeug, häufig mit scharfer Spitze, einer Schneide und zwei symmetrischen Seiten. Doch auch das Herstellungsverfahren änderte sich: Bis jetzt hatte man einfach in jede Hand einen Stein genommen und den einen auf den anderen geschlagen. Das Resultat entsprach der Ursprünglichkeit der Methode – die Absplitterung war kaum kontrolliert und fast zufällig. Viele Steine brachen nicht an der gewünschten Stelle und wurden als Ausschuß weggeworfen. Aber schließlich entdeckte einer eines Tages die technischen Vorteile des Spaltstockes aus Holz oder Knochen. Den Stein, der ihm als Hammer diente, verband er mit einem Knüppel aus hartem Holz oder mit einem entsprechend langen Knochen. Und welch ein Wunder – der Stein unterlag, der Mensch dirigierte, beherrschte ihn, und zum Bewußtsein dieser ersten Wirkungsmacht kam die Erfahrung, wie vorteilhaft sich solche «erschaffenen» Werkzeuge auswirken, die zwischen die jeweilige geistige Zielvorstellung und die Materie treten, um zu verwirklichen, was in der leblosen Materie der Möglichkeit nach bereits enthalten ist. An diesem Tage erwachte das Verständnis für etwas, das die geistige wie die technische Entwicklung unabschätzbar bestimmen sollte: die Symmetrie.

Doch jetzt erscheint ein anderer Menschentypus, und die Landschaft verändert sich: die Niederschläge beginnen abzunehmen.

Das Wasser hörte auf, regelmäßig zur Befruchtung der Erde beizutragen. Der meteorologische Mechanismus war gestört worden, und beunruhigte Menschen erwarteten die ungewisse Ankunft der Wolken, der Träger des Regens und Garanten des Wohlstandes. Die Ursache dieser schweren Bedrohung ist leicht zu verstehen: Die polare Kaltfront, die ehemals von Sibirien aus Europa überzog und über das Mittelmeer hinweg ihre Feuchtigkeit bis zum westlichen Teil Nordafrikas brachte, stößt auf einen Strom, der die Sahara quer überzieht und sich zwischen dem Roten Meer und der kühlen Zone der Azoren erhitzt. Dieser Strom bildet für die Kaltfront eine unüberwindbare Sperre. Diese Tatsache hat um so ernstere Konsequenzen, als im Süden der Monsun des Golfes von Guinea zur selben Zeit auf dasselbe Hindernis trifft. Die winterlichen Regenfälle gelangen nicht mehr in das Gebiet östlich des Nigerknies. Die Seespiegel sinken und sinken, zunächst und zu Beginn des Neolithikums sehr langsam, dann zunehmend, so daß vorher geschlossene Wasserflächen aufbrechen und sich immer mehr verkleinern. Obgleich die Periodizität und die Bewegungen der klimatischen Faktoren, die den Wasserhaushalt der Sahara steuern, auch im einzelnen umstritten bleiben, die Grundtheorie scheint immerhin allgemein anerkannt. Offen bleibt, ob sich die Ränder während der Periode der «Verwüstung» auf der ganzen Peripherie ausdehnten.

Der geringe Zeitraum, auf den sich unsere Beobachtungen stützen, gestattet noch keine gültige Festellung. Wir sind weit davon entfernt, voraussagen zu können, zu welchem Zeitpunkt die «Verwüstung» beendet sein wird, deren ohnmächtiger Zeuge wir sind. Es sei denn, der menschliche Geist erfindet Techniken, die es ermöglichen, den notwendigen Regen künstlich und in reichlichen Mengen hervorzurufen. Für den Augenblick aber scheint dies schwieriger als eine Landung auf einem fernen Planeten.

Die Menschen flohen also vor einer bestimmten klimatischen Bedrohung. Und wenn sie sich heute in den Oasen wieder zusammenfinden, die, als vollendete Meisterwerke des Überlebens, eigentlich ein falsches Bild

13 «Am Ende des Sandes, weit in der Ferne, wohin auch immer du gehen magst, stets wirst du das Gebirge oder das Meer finden ...» Und was gibt es Eindrücklicheres als die endlosen, ausgezackten Ketten, von denen sich oft ein uralter, immer noch himmelwärts gerichteter Lavastrom abhebt, wie man es so häufig im Tassili antrifft. Am Abend nach einem heißen Tag spielen die Schatten im dunklen Mauve der Felsriffe, von denen sich braune Strände abheben. Das tiefe Schweigen, das über dem Riff in der Nähe des Tafilaletpasses liegt, läßt Zeit, von einem sagenhaften Atlantis zu träumen, weit jenseits der Schranke ...

14 Doch wenn auch das Gebiet des Tassili sein Aussehen einem alten Vulkanismus verdankt, ist es in manchen andern Regionen der Sahara das komplexe und beharrliche Spiel einer Jahrtausende währenden Erosion, das das Gesicht der Landschaft modellierte. Unweit des Passes von Amojjiar, in Zentralmauretanien, kann man den monumentalen Aufschluß des Sedimentgesteins bewundern, von einem Fluß ausgewaschen, der heute ein kärgliches Rinnsal ist, einst aber über eine einzigartige Kraft verfügt haben muß. Bisweilen erfolgten Abtragungen ähnlichen Ausmaßes sogar in sehr kurzer Zeit. Im Immidir, in der Gegend des Tassili, liegen die von den jungsteinzeitlichen Menschen vor 5500 Jahren hergestellten Töpfereien unter siebzehn Meter hohen Ablagerungen!

15 Wie hier im Enneri Blaka, Niger, schleift der Sand immerfort den Sandstein ab, gegen den er vom Wind mit Gewalt geschleudert wird. Angeschwollen vom Material, das er losgelöst hat, bereichert er die Dünen der großen Erg. Im Laufe der Zeit allerdings beginnt der Sand, aus dem die Dünen geformt sind, sich zu verfestigen und wieder zu Sandstein zu werden!

15

von der Wirklichkeit in der Wüste vermitteln, so bleibt doch kein Zweifel daran, daß der Sand, diese Krankheit der Sahara, zunehmend überall dort weitere Orte bedroht, wo das Wasser rar wird.

Gegenüber diesen Wechselfällen hat sich der Mensch jedoch niemals für besiegt erklärt. So haben wir eine sehr bewegende Reise in die Vergangenheit vor uns, die mit dem Eintreffen der ersten Menschen des Neolithikums in der Sahara beginnt und mit der nicht allzu weit zurückliegenden Periode endet, wo dieser jungsteinzeitliche Saharamensch in die Geschichte eintritt.

Man wird an einigen Entdeckungen teilhaben, die erstaunlich genug sind, unseren Geist aufzurütteln, weil wir vermuten müssen, daß ohne diese Entdeckungen nichts, was wir heute wissen, hätte gesagt werden können. Sie lassen uns besser begreifen, daß die Sahara nicht immer die «schönste Wüste der Welt» war, die allzu romantischen Geistern ihre grausame klimatische Krankheit verbirgt. Eine so tiefgehende und ernsthafte Krankheit, daß sie selbst die Religionen von dem Augenblick an veränderte, als deren wesentliche Aufgabe in der vorbeugenden Beschwörung der immer geringeren Fruchtbarkeit zu bestehen begann. Nun weiß man seit langem, daß die Bilderwelt der Sahara dem unvoreingenommenen Beobachter nicht wenige Riten enthüllt, die auf dieses Problem ausgerichtet sind. Wenn ihr Inhalt noch nicht bekannt gemacht wurde, dann deshalb, weil dem menschlichen Geist die Befreiung von einer Angst noch nicht gelang, die vor sehr langer Zeit als Vernichtungsdrohung und noch mehr vielleicht als Angst vor Schicksalsmächten auf unseren Ahnen lag. Wäre es nun aber nicht an der Zeit, das Verständnis vorzubereiten?

16 Auf dem «Fundplatz 5» im Gebiet des Enneri Blaka, der 1968 von der Blaka-Expedition (geleitet von Maximilien Bruggmann) entdeckt wurde, ist uns ein Abri, eine Felsnische, unter der um 5000 v. Chr. Menschen des Neolithikums gelebt hatten, unversehrt erhalten geblieben. Im Vordergrund erkennt man einen Reibstein, der in der Mitte einer in die Felsbank selbst eingeschliffenen Reibstelle zurückgelassen wurde. Auf der andern Seite des Tales ein weiteres Riff, trocken, verbrannt, unfruchtbar. Aber man kann sich leicht vorstellen, daß den Fluß zu der Zeit, als im Blaka Menschen lebten, grüne Ufer säumten.

Diese Felsbilder, die sich wie ein wunderschönes Märchenbuch genießen lassen, bringen uns die einmalige Gelegenheit, die Gedankenwelt von Menschen kennenzulernen, die noch nicht die Zeit gehabt hatten, ihre Umwelt, ihre Lebensbedingungen selbst zu beeinflussen, und die eine feindliche Natur allein mit ihrem Geist zu beschwören suchten.

Wir werden auf die umstrittene Frage eines möglichen altsteinzeitlichen Ursprungs einzelner afrikanischer Felsbilder nicht näher eingehen. Die gesicherten Daten reichen für eine zweifelsfreie Entscheidung, ob die Saharakunst so alte Wurzeln hat, nicht aus. Zwar nimmt man an, daß die Ursprünge menschlicher Bildkunst bis ins sechzigste Jahrtausend vor Christus, in die Jüngere Altsteinzeit, zurückreichen – dies kann durch Funde aus andern Teilen der Welt («Venus»-Statuetten, Tierfigürchen, Umrißzeichnungen usw.) belegt werden –, doch darf für die Sahara der Beginn der Jungsteinzeit (6000–5000 v. Chr.) als oberste Grenze angenommen werden. Es scheint eher, als seien jene afrikanischen Künstler, die für ihre Darstellungen großflächige Felswände bevorzugten, sehr plötzlich über den Kontinent hereingebrochen, zur gleichen Zeit, als die ersten Wellen der Neolithiker – zu denen sie ja gehören – den Mittelmeerraum besetzten.

Woher kamen sie? – Es ist sicherlich leichter, die meist außerordentlichen Werke, die sie hinterließen, als Tatsache zu registrieren, denn ihren Ursprung zu erklären. Man wird später die Schwierigkeiten sehen, die sich aus ihrer Datierung und Chronologie ergeben. Jedenfalls kann man vor diesen Zeugnissen einer ebenso frischen wie alten Kunst kaum unberührt bleiben.

16

Die Ursprünge

Auch dem Laien ist das Wort Vorgeschichte – Prä-Historie – von selbst eingängig als jene Periode, die der historischen, der geschichtlichen Zeit vorausging. Die Geschichtswissenschaft bemüht sich um die Analyse der schriftlichen Überlieferung. Sie rechnet es zu ihren Aufgaben, das zu isolieren, was im Zusammenhang dieser Ereignisse subjektiven Charakter hat, und versucht somit, die Historizität der Fakten wiederherzustellen. Beziehen sich die schriftlich überlieferten Dokumente auf Vorgänge und Zustände bei Völkern, die selbst nicht zur Schrift gelangten, mußten sich die Chronisten bei mittelbaren und unmittelbaren Zeugen informieren; mit diesen Aufzeichnungen aus zweiter Hand verläßt man den Raum der eigentlichen Geschichte und tritt in ihren Vorraum, die Protohistorie, ein.

Der Prähistoriker besitzt keine einzige schriftliche Quelle. Die materialen Zeugnisse der Kulturen, die zeitlich vor jedem Schriftzeichen liegen, bilden die eigentliche Grundlage seiner Forschung. Materiale Zeugnisse, Arbeitsgeräte aus Stein oder Knochen, wären allein für das Verständnis einer Zeit noch viel zu wenig. Man muß zusätzlich die archäologischen Fundstätten und ihre Beschaffenheit kennen – es geht also um die Interpretation der stratigraphischen Daten. Nur so läßt sich die Echtheit der Fundlage bestätigen. Gleichzeitig untersucht der Prähistoriker Spuren organischen Lebens, die er im Laboratorium mit der C-14- oder Radiokarbonmethode datiert (bei welcher der noch vorhandene Anteil des leicht radioaktiven Kohlenstoffs ^{14}C bestimmt wird, der in lebenden Organismen zu allen Zeiten in ungefähr gleich hohem Maße aufgebaut wird und mit einer Halbwertszeit von 5730 Jahren stetig zerfällt). Er erhält so das Entstehungsalter nicht nur des organischen Lebens, z. B. Holz oder Stoff, sondern auch der Steinwerkzeuge, die in der gleichen Schicht gefunden wurden.

Nun sind diese Geräte nicht allein zur Datierung der Fundgebiete innerhalb der Quartärformation bestimmt, wie dies bei Fossilien für die Geologie der Fall ist, bevor sie in die Sammlungen der Museen aufgenommen werden. Sie haben auch gesellschaftshistorischen Wert und zeigen sehr deutlich den intellektuellen Entwicklungsstand ihrer Hersteller, sie lassen auf Wandlungen der sozialen Struktur, auf sich verändernde Umwelteinflüsse usw. schließen. Manchmal ist es sogar möglich, die Spur einer bestimmten kulturellen Prägung bis zum Ausgangspunkt zurückzuverfolgen, wo sich dann zeigt, inwieweit sie eigene Schöpfung oder Übernahme ist. Ein erstaunliches Phänomen ist zudem, daß ein Arbeitsinstrument – mag sein Ursprung auch noch so weit zurückliegen – von dem Augenblick an, da es eine brauchbare Form annimmt, diese über die ganze Dauer der vorgeschichtlichen Zeit beibehält, ja oft bis auf uns kommt. So kann man diese Evolution des Hammers verfolgen, der Axt, des Messers, der Ahle usw. Andere Werkzeuge blieben trotz ihrer offensichtlichen Unförmigkeit über lange Zeit in ihrer ursprünglichen Form neben weiterentwickelten Geräten bestehen. So hat der behauene Kieselstein, bekannt als Geröllwerkzeug oder *pebble-tool,* sicherlich als einziges Werkzeug ein Alter von mehr als zwei Millionen Jahren. Etwas kleiner und handlicher geworden,
7 findet man ihn noch in der Jungsteinzeit.

18

18 An verschiedenen Stellen der Sahara, besonders im Tidikelt, findet man fossiles Holz. Hier handelt es sich um ein Stück einer alten Araucaria. An sich hat dieses einstmals pflanzliche, heute aber ganz mineralische Material nichts mit Prähistorie zu tun; aber es war bei allen Zivilisationen, die sich dort, wo es vorkam, folgten, sehr begehrt, weil es sich außerordentlich gut bearbeiten läßt. Zudem demonstriert es eindrücklich, daß das Antlitz der heutigen Sahara nur einen vorübergehenden Aspekt einer Landschaft darstellt, die mehrmals große Waldbestände aufgewiesen hatte. Vor einigen tausend Jahren konnte man da noch große Zürgelbäume, Tannen und Eichen finden . . . Seither hat sich vieles geändert.

17 Ansicht des Enneri Bessama (Tibesti). Man beachte die kleine Gestalt: Sie dient als Maßstab für die Landschaft. «Enneri» bedeutet soviel wie «Fluß». Wie ein Wadi zeichnet er sich dadurch aus, daß er fast immer trocken ist. Durch das Bett des Enneri Bessama führt die Piste, die Bardaï mit Soboroum verbindet. Der vulkanische Tuff scheint mit einem gigantischen Schwerthieb durchschnitten worden zu sein; weicher, sehr feiner Sand, der das Gehen erschwert, füllt die Sohle des Enneri.

19

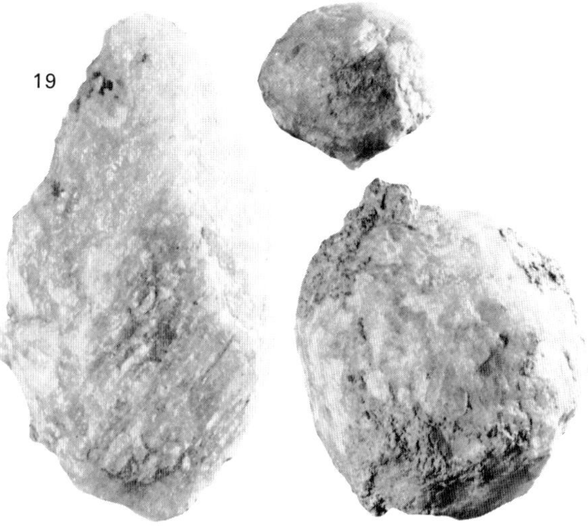

19 Diese sehr alten Werkzeuge wurden von L. S. B. Leakey im vulkanischen Tuff am Grunde der durch seine Grabungen weltbekannt gewordenen Olduwaischlucht in Kenia gefunden. Ihr Wert hängt mit ihrer Lage in einer Schichtenfolge zusammen, die es erlaubt, sie zu datieren. Obschon es in der Sahara an verschiedenen Orten ähnliche Werkzeuge gibt, konnte ihr Alter bis heute nicht bestimmt werden. Nach dem gegenwärtigen Stand unseres Wissens ist das älteste bekannte Werkzeug zwischen 2 160 000 und 2 120 000 Jahre alt.

20 Bis in die Neuzeit hinein sammelte man bei Saharaexpeditionen Werkzeugfunde nur von der Erdoberfläche auf. Folgerung: Es gibt in der Sahara keine prähistorischen Schichten. In Wirklichkeit erkennt man, sobald man den Boden aufmerksam untersucht, daß er wie anderswo Schätze enthält, die sich nur dem «Grabenden» erschließen. Das Flußpferd von Yeï Lulu Loga im Niger gehört zu einer immer reichhaltiger werdenden Folge von Skeletten von Großsäugern aus dem Quartär, die an heute verschwundenen Seen lebten.

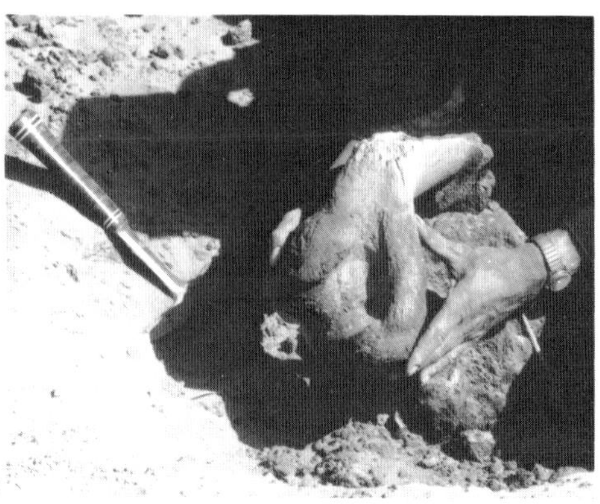

20

Schließlich scheint es uns nötig, die Vorgeschichte von einem Mythos zu befreien. Gemeint ist der «Funktionalismus». Die erste Frage eines Laien, dem man ein altes Werkzeug zeigt, ist beinahe rituell geworden: «Zu was diente es?», weil er zur Form immer einen Gebrauchswert sucht. Dies mit einer gewissen Berechtigung, haben doch andere unter Berufung auf die Ethnographie eine Klassifizierung der prähistorischen Gegenstände nach dem ihnen zugeschriebenen Gebrauchswert vorzunehmen versucht.

Dies wäre allerdings eine Vermutung, auf die sich keine wissenschaftliche Theorie stützen kann, denn die Übertragung unserer Vorstellungswelt auf das prähistorische Denken grenzt ans Absurde. Wir vermischen den Sinn des Wortes «primitiv» oft mit dem von «primär» oder «archaisch». Die drei Begriffe werden auf Wesen angewandt, die dem gemeinsamen animalischen Stamm noch am nächsten stehen. Man kam überein, sie «Mensch» zu nennen, obwohl ihre mentalen Fähigkeiten oft kaum von denen der Menschenaffen abweichen. Wie dem auch sei, bevor der Prähistoriker so weit ist, daß er versuchen kann, die seinem Fachgebiet eigenen Forschungstechniken zu überwinden, muß er zunächst und vor allem Typologe sein. Er muß die schwierige Kunst der Beschreibung vorgeschichtlicher Gegenstände vollständig beherrschen, ihre Herstellungstechniken im Hinblick auf die Klassifikation beachten, ebenso ihre prähistorische Wertigkeit und ihren Vergleichscharakter innerhalb der Statistik. Diese Vorsicht im Vokabular ist dann keineswegs überflüssig, wenn man bedenkt, daß die aus Stein oder Knochen gefertigten Werkzeuge, die uns unsere fernsten Vorfahren hinterließen, die einzigen Dokumente darstellen, die wenigstens teilweise gestatten, ihre Lebens- und Denkweise zu enthüllen. Wir haben nicht das geringste Recht, die ebenso bewegenden wie schwierigen Botschaften, die sie uns aus der Vergangenheit übermitteln, durch eine Interpretation nach dem eigenen technischen oder geistigen Zeitbewußtsein zu verfälschen und, noch weniger, ihre Wirklichkeit durch unsere Hypothesen zu ersetzen.

Die zweite Hälfte des 20. Jahrhunderts hat uns in einen intellektuellen Komfort versetzt, der die Vorstellung erschwert, daß es ihn einmal nicht gegeben hat. In Wirklichkeit leben wir in einer Zeit, in der die gegensätzlichsten Gemeinplätze neue Mythenbildungen unterstützen, die jene ersetzen, von denen wir uns befreit glauben.

Schließlich haben wir erkannt, daß der Mensch lang vor Adam und Eva auf der Erde war, wo er seit unvordenklichen Zeiten eine brillante Karriere einschlug. Seit wann? Seit dem Zeitpunkt, da er die Möglichkeit hatte, seine Nachkommen die Kunst zu lehren, einem Kieselstein ein oder zwei Splitter abzuschlagen, um so ein Werkzeug oder eine noch unbeholfene Waffe zu fertigen. Hierin liegen das Wunder und der Ursprung aller Technik, auf die wir so stolz sind. Es ist leicht begreiflich, daß dieser Augenblick den Beginn der «Menschwerdung» bedeutet und dem Sinn der paradiesischen Legende von Adam und Eva entspricht. Diese Menschwerdung ist wahrscheinlich afrikanischen Ursprungs. Sie liegt unseres Wissens ungefähr zwei Millionen Jahre zurück und dauert immer noch an. Jedoch: Der Mensch ist ein in die Kultur eingeführtes Tier. Seine einzige wirklich angeborene Begabung ist eine erstaunliche Aufnahmefähigkeit. Es ist unumgänglich, daß die Gesellschaft dem Menschen die Kultur in die Wiege bringt. Sich selbst überlassen, würde das Menschenkind vom siebten Lebensjahr an unzugänglich für jede eigentliche Assimilation.

Man weiß dies zwar heute, mag daran denken und es beschreiben. Das Schicksal der berühmten *Principles of Geology,* die Charles Lyell (1797 bis 1875) 1833 veröffentlichte, illustriert jedoch, wie oft eine überkommene akademische Anschauung zur ebenso starren wie langweiligen Regel erstarrt, die all das, was ihr anzuerkennen mißfällt, zurückweist, obgleich die alltäglichste Erfahrung die triumphierende Realität bestätigt. Das «Weltbild», das der einflußreiche französische Naturforscher Georges Cuvier (1769–1832) anderthalb Jahrzehnte zuvor durch sein Werk *Le Règne*

21 In El Beyed in Mauretanien gibt es, obschon jeglicher paläontologische Beleg fehlt, an der heutigen Oberfläche eine sehr wichtige, vor allem durch Zweiseiter und Spalter charakterisierte Acheuléen-Fundschicht. Die Lage der geologischen Schichten, in denen man die Industrien findet, liefert einen ersten chronologischen Anhaltspunkt. Aber wohlverstanden, man weiß nicht, welcher Menschentypus sie schuf.

21

animal distribué d'après son organisation und seine «Katastrophentheorie» geschaffen hatte, war bereits zum ewiggültigen Kanon erhoben worden, so daß Lyells Beobachtungen und Folgerungen, daß sich die Erdrinde durch allmähliche Ablagerung gebildet habe und daß man deshalb in jeder Schicht Spuren ihrer jeweiligen Bewohner finden müßte, auf ungläubige Ablehnung stießen.

Sieht man von den zahlreichen Vorläufern ab, die in ihrer Zeit unerkannt blieben oder aufgrund der herrschenden Moral verfolgt worden waren, dann begann 1855 jene neue Ära, die noch fortdauert und deren wesentliches Merkmal darin besteht, die Frage der Anthropogenese, der Menschwerdung, mit streng wissenschaftlicher Methodik neu zu untersuchen. Dieses Drängen nach uneingeschränkter Wahrheit war im 19. Jahrhundert so stark, daß sogar Geistliche hohes Ansehen auf dem Gebiet prähistorischer Wissenschaft erlangten. 1855 also hatte sich eine Kommission englischer Wissenschaftler, beeindruckt von der erstaunlichen Ausbreitung der Thesen Darwins, nach Frankreich begeben, nach Abbeville an der Somme, um sich über die aufsehenerregenden Entdeckungen des französischen Zollbeamten Jacques Boucher zu unterrichten, der darauf bestand, Beweise von der Existenz eines vorsintflutlichen Menschen zu besitzen. Den Mitgliedern der Kommission war es klar, daß, wenn dies zuträfe, die Konsequenz eine Rechtfertigung der Ideen Lyells wäre. Und eben dies wollten die englischen Wissenschaftler nachprüfen: Sie nahmen ein sachlich vollständiges Protokoll auf und begründeten recht eigentlich die Wissenschaft von der Vorgeschichte des Menschen.

Je größer jedoch ein Irrtum, um so zahlreicher jene, die sich auf ihn versteifen. Man mußte lange warten, bis die französische Akademie der Wissenschaften, die selbst Opfer dieser Epoche geistiger Lähmung war, sich zu einem Nachruf auf den mutigen Wegbereiter einer Wissenschaft entschloß.

22 Auf den Träger der Zweiseiterindustrie – im wesentlichen der Pithecanthropus – folgt der Neandertaler. Wenn dieser noch Zweiseiter herstellt, ist es nur in sehr geringer Anzahl und, verglichen mit ähnlichen Geräten seiner Vorgänger, stark reduzierter Größe. In der Sahara hat man weder ein Skelett des Neandertalers gefunden noch eine Industrie, die ihm mit Sicherheit zugeschrieben werden könnte. Immerhin gibt es, über die ganze Wüste verbreitet, einen merkwürdigen Gerätebestand, der mit dem europäischen Moustérien verglichen werden kann, und dazu kommt noch eine größere oder kleinere Anzahl gestielter Objekte, beachtenswert durch die Besonderheit, aus Abschlägen, deren Abschlagfläche sehr selten retuschiert ist, hergestellt zu sein. Einzig der Stiel ist auf seiner ganzen Oberfläche überarbeitet. Obschon diese «Stielwerkzeuge» oft eine Spitze aufweisen und die übrigen Geräte durchaus vertraute Formen zeigen, wissen wir noch nichts über die Ver-

22

23

24

Ab 1855 also begann sich Vorgeschichte als Wissenschaft durchzusetzen. War sie zunächst notwendigerweise eine Amateurwissenschaft, begann sie sich zu Anfang unserers Jahrhunderts, als einmal ihre Strukturen feststanden, zu spezialisieren. Der Prähistoriker löste sich sehr schnell von den Hilfswissenschaften, deren er sich noch bedienen mußte, um die vollständige Naturgeschichte des Menschen zu beschreiben, und fand zu seiner wesentlichen und grundlegenden Aufgabe, zur Typologie nämlich. Seitdem die Geologen sich die Urgeschichte als Disziplin anzugliedern beabsichtigen und sie damit wieder in Abhängigkeit zurückführen, dürfte sie nicht mehr als Bestimmungswissenschaft der Fossilien sein. Trotz der Wichtigkeit dieser Aufgabe ist dies aber nicht das Wesentliche, denn der Prähistoriker ist eine Art Historiker. Was er deuten und erklären will, ist der Mensch und nicht die Erde, auf der er lebt. Aus diesen Gründen blieb in vielen Ländern, zum Beispiel in Deutschland, die Vorgeschichte eine Disziplin, die sich den Humanwissenschaften und diesen allein anschloß. Dies verleiht ihr eine ungewohnte Dimension: Tatsachen, die sich auf die Vergangenheit beziehen, werden unter allen Gesichtswinkeln wissenschaftlich untersucht und zusammenfassend dargestellt, so daß man ohne Übertreibung sagen kann, die Geschichte ziehe nur die Schlußfolgerungen aus der Vorgeschichte. Diese enthält alle Keime, die später in Blüte und Frucht aufgehen.

Zunächst müssen wir uns ein Bild machen, wie die Aufgaben verteilt werden, um das Material zu untersuchen, das der Prähistoriker bei einer Ausgrabung sammelt. Sich selbst behält er das Studium von Geräten und Waffen vor, die er dann beschreibt, klassifiziert und für Diagramme zahlenmäßig erfaßt. Auf dieser Grundlage kann er dann einzelne Stücke identifizieren und die Ähnlichkeiten oder Unterschiede zu andern beschreiben. Dennoch bleibt noch viel zu tun. Dem Paläontologen vertraut er die Bestimmung von tierischen oder menschlichen Knochen, von Fischgräten und Muscheln, an. Versteinerte Samen oder ihre Abdrücke werden dem Botaniker zugesandt, während der Palynologe in den Bodenproben nach versteinertem Blütenstaub forscht, von dem aus die zeitgenössischen Vegetationsarten erkannt werden können. Der Physiker untersucht Proben organischer Materie, um mit Hilfe der Radioaktivität das Alter zu bestimmen. Der Pedologe versucht eine Nachzeichnung der Entstehungsgeschichte jener Schichten, in denen Gebrauchsgeräte gefunden wurden. Schließlich bestimmt der Klimatologe unter Berücksichtigung all dieser Einzelforschungen die klimatischen Bedingungen, die das Leben jener Menschengruppen

wendung dieses Atérien, das seinen Namen einem Brunnen im Süden der Provinz Constantine in Algerien verdankt, in dessen Umgebung es in Fülle entdeckt worden ist.

23, 24 Die Menschen der Jungsteinzeit, des Neolithikums, sind unsere direkten Vorgänger, und ihr Erscheinen macht sich durch eine wahre industrielle Revolution bemerkbar. Zu sagen, auf technischem Gebiet seien wir ihre Erben, ist nicht übertrieben, denn sie haben uns den Ackerbau gebracht, die Viehzucht, das Dorf, die Töpferei, die Weberei, Steinbearbeitung usw. In der letzteren bringen sie es zu einer Meisterschaft, welche die Spezialisten für Steinwerkzeug in Erstaunen versetzt. Bei der Mehrzahl der kleinen Geräte geht man weiterhin von feinen, aus verschiedensten Mineralien bestehenden Klingen aus, die eine geschickte Retusche in die gewünschte Form bringt. Zu diesem Zweck präpariert man den ausgewählten Steinknollen, indem man eine Plattform herstellt, gegen die man nachher die Schläge, die die Klingen lösen, führt. Anstelle eines Hammers verwendet man einen Stab aus Hartholz oder ein Stück eines langen und starken Knochens. Einige gekonnt an den Rändern und auf der Oberfläche des Gegenstandes angebrachte Retuschen geben diesem die gewünschte Form. Man kann fast sagen, die ganze Sahara sei mit diesem schönen Werkzeug bedeckt, zu dem versteinertes Holz sich ebensogut eignet wie Feuerstein, Hämatit oder Jaspis. Zu den Klingen und Lamellen, aus denen man Messer, Nadeln, Kratzer, Bohrer und hunderterlei weitere Geräte hergestellt hat, kommen aber auch noch polierte Steinutensilien, und die Sahara war im ganzen reich an Meistern im Polieren von Steinen. Da findet man nicht nur Steinringe, die Armreifen waren – sofern die Lichtweite es erlaubt, den Arm hindurchzuführen –, Keulenköpfe oder Gewichtsteine von Grabstöcken, sondern auch Töpfe, Hacken, Meißel und Pfeilspitzen, deren feiner Schliff uns noch heute erstaunt (22–24: Sammlung IFAN, Dakar, Senegal).

25–29 Wohl das häufigste Zeugnis der Neolithiker in der Sahara sind Pfeilspitzen. Es gibt zahlreiche Formen, je nach dem Ziel, das der Benützer anvisierte. Im großen ganzen unterscheidet man drei Hauptvarietäten: dreieckige, gestielte und solche mit transversaler Schneide, wobei die letzteren Prototypen der mittelalterlichen Bolzen darstellen. Obschon gewisse Spitzen zum Fischfang hätten verwendet werden können, steht fest, daß die überwiegende Mehrzahl für die Jagd und wahrscheinlich auch den Krieg bestimmt gewesen war. Und die Erfahrung hat den Benützern sehr früh gezeigt, daß Gewicht und Form des steinernen Aufsatzes, mit dem die Spitze des Pfeilschafts ausgerüstet wurde, mit Bezug auf das zu erreichende Ziel zu berechnen war. Darum gibt es eine so erstaunliche Vielfalt der Formen, die man aber leicht nach Typus und Familie ordnen kann (25).

Knochen hat die neolithischen Handwerker ebenfalls interessiert. Vor allem die Fischer haben sich diesem Material zugewandt, um daraus Harpunen und Angelhaken herzustellen (26); aber es gibt auch ein weites Arsenal von Nadeln, Bohrern, Stäben zum Glätten, Töpferlehren und selbst Hacken aus Knochen und manchmal sogar Elfenbein. Das Gerät zum Fischen, das an manchen Fundstellen so häufig ist, zeigt deutlich, welchen Platz die Fischerei in der Jungsteinzeit innehatte.

Neben den kleineren Geräten aus Stein oder Knochen verwendete man weiterhin oder von neuem viel gewichtigeres Werkzeug, etwa gewaltige Steinbeile und auch Zweiseiter, wie den auf Bild 27 gezeigten, der aus Guinea stammt, ein wundervolles, mit fein retuschierten Kanten versehenes Gerät aus durchsichtigem Quarzit.

Schmuck ist in der Sahara ein Merkmal des Neolithikums, denn die älteren Industrien waren gänzlich auf Gebrauchswert ausgerichtet gewesen. Zu Lippenpflöcken von verschiedener Form und Größe kommen vielleicht Knöpfe für die Ohren und Kügelchen, die Schleudersteine sein könnten. Eine erstaunliche Vielfalt von Anhängern mit offensichtlich magischem Charakter vervollständigt das prächtige Ensemble, das von hohem Kunstsinn zeugt (28, 29). (27–29: Sammlung IFAN, Dakar, Senegal.)

beeinflußten, die durch die Ausgrabung entdeckt wurden. Es handelt sich hier wiederum lediglich um den geläufigsten Fall von Arbeiten, in deren Verlauf der Rückgriff auf besondere Techniken nicht notwendig wird. Die Vorgeschichte als wissenschaftliche Disziplin wurde so schließlich zu einem äußerst komplexen Gebiet. Der Prähistoriker ist nicht selbst verpflichtet, die Gesamtheit der Wissenschaften, deren Dienste er beansprucht, bis ins Detail zu kennen. Sein allgemeiner Bildungsstand muß ihn jedoch in die Lage versetzen, Ergebnisse, die ihm geliefert werden, möglichst vollständig zu deuten.

Diese Begegnung von Technik und Kultur – unter einem rein humanistischen Blickwinkel gesehen – kann für den nach seiner Herkunft und seiner Zukunft Fragenden überaus fruchtbar sein. Voraussetzung dafür ist, daß sich der Spezialist bemüht, die nur den Eingeweihten zugängliche Fachsprache zu meiden. Nun ist das Vokabular des Prähistorikers für Laien oft besonders schwer verständlich. Dem abzuhelfen ist jedoch nicht immer leicht, vor allem wenn es um schwer vorstellbare oder abstrakte Begriffe geht.

Wie dem auch sei – wir sind mit der Vorgeschichte unlöslich verbunden: Körper und Geist, Sitten und Kultur des Menschen entstanden nicht am Abend des siebten Tages der Schöpfung in jenem wörtlichen Sinn, in dem die Heilige Schrift lange verstanden wurde, sondern sie begannen – nach dem neuesten Stand unserer Kenntnisse – vor mehr als zwei Millionen Jahren irgendwo in Ostafrika. Seit diesem schon erdgeschichtlich recht fernen Zeitpunkt wurden die Elemente, auf die sich heute unser Denken stützt, stetig herausgearbeitet. Es wäre absurd, sich den Menschen von seiner prähistorischen Abstammung isoliert zu denken. Übrigens haben dies Philosophen wie Kant oder Bergson lange vor einem Teilhard de Chardin eindrücklich erahnt.

Mit unsern Vorstellungen von der Menschwerdung ist es tatsächlich merkwürdig bestellt. Bis vor kurzem glaubte der Mensch, vollständig gerüstet der Lende Jupiters entsprungen zu sein. Dieses packende Bild vermittelte die Vorstellung, er sei von Anbeginn so gewesen, wie er heute ist – begabt mit einer Seele, einer Sprache, der Fähigkeit zu lachen. Seit Darwin – und obwohl sich einige seiner Thesen nicht bestätigten – zweifelte man an der Übereinstimmung dieses Bildes mit der Wirklichkeit. Aber zwischen diesem Zweifel und der Behauptung, das menschliche Tier kauere noch immer verschlagen im Inneren unserer selbst, tat sich ein Graben auf, den zu überschreiten man sich lange weigerte. Doch die Wissenschaft hat inzwischen gezeigt, wie der Mensch Millionen Jahre brauchte, um in einer fernen Vergangenheit das Tierhafte zu überwinden. Übrigens ist diese Überwindung, wie bereits kurz gestreift, illusorisch. Würde ein Säugling von dem Augenblick, da er den mütterlichen Uterus verläßt, bis zum siebten Lebensjahr vollständig von der Welt abgeschnitten und in einer zwar angenehm erleuchteten Umgebung, aber von jedem Lärm und jeder menschlichen Gegenwart isoliert aufgezogen, wäre jede Chance, daß aus ihm ein menschliches Wesen würde, verspielt. Er wäre artikulierter Laute unfähig und ebenso unfähig zu sozialem Verhalten – mit einem Wort also: weniger als ein Tier. Die einzige Sache, die uns demnach von Geburt an zu eigen ist, besteht in der ungeheuren Fähigkeit, uns dem anzupaßen, was die Gesell-

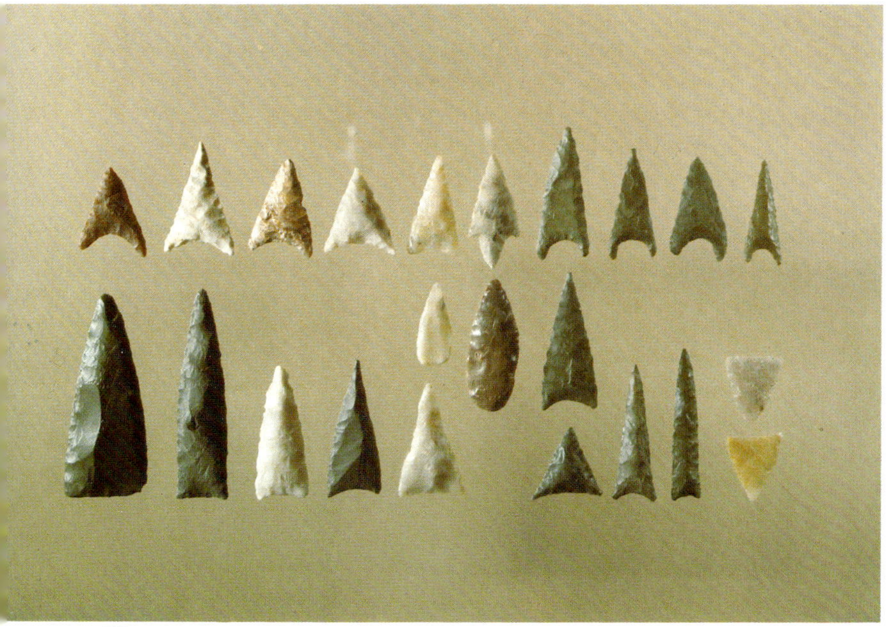

25

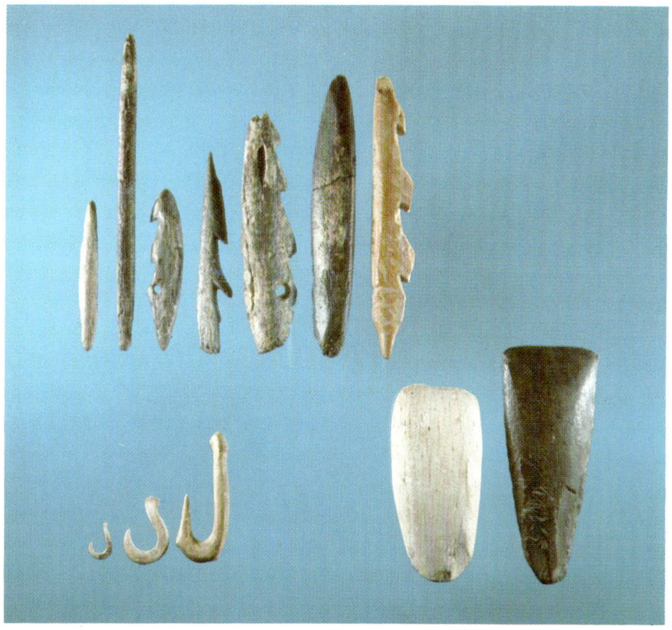

26

27

28

29

30

schaft als königlichstes Geschenk bietet: die Kultur. Und da die Intelligenz, diese unerläßliche Begleiterin des menschlichen Lebens, nicht vermittelnd eingreift, ist mit fünfundzwanzig Jahren alles vorbei: der heruntergekommene Mensch verlischt im selben Alter wie seine Vorfahren im Paläolithikum. Und zweifelte jemand an dieser Projektion des Möglichen, dann mag er sich Aufzeichnungen über die sogenannten Wolfskinder besorgen. Man findet bei ihnen weder die Fähigkeit des Vorstellens noch die Kraft zum Denken. Das heißt, das individuelle Bewußtsein ist nur durch mehr oder minder gelungene Anpassung an das in jener prähistorischen Zeit entstandene Kollektivbewußtsein zustande gekommen, so daß sich der Geist in der endlosen Kette der Menschen auf einer Zeitlinie fortpflanzt, die zwischen zwei Unendlichkeiten liegt.

Fügen wir noch hinzu, daß unsere untergründige Tierheit sich jeder Evolution zu widersetzen scheint. Sie ist wie mit dem Feuer in unsere Physiologie eingebrannt und bewahrt genetische Botschaften aus dem Untergrund der Zeit, deren Sinn uns entfallen ist und die dennoch bestimmten Handlungen kollektiver Spontaneität einen seltsam vertrauten Zug verleihen, selbst wenn sie uns zuvor nicht bekannt waren. Die zeitliche Undurchdringlichkeit unserer Handlungen vermehrt beständig die Gesamtzeit menschlicher Gegenwart auf diesem Planeten.

Daher ist es erklärbar, daß viele Gegenstände und Werke, die von den Menschen der Vorzeit zeugen, eine Botschaft in schwer zu deutender Symbolik einschließen, deren eigentlicher Sinn kaum jemals durchschaut werden kann. Dies ist nicht unvereinbar mit der Weigerung des Prähistorikers, den Gebrauchscharakter prähistorischer Werkzeuge festzulegen.

Diese etwas philosophische Abschweifung hat uns von unserem Gegenstand dennoch nicht entfernt. Ein Werk, das Afrika gewidmet ist, kann nicht umgehen, ja es muß geradezu diese besondere Stimmung vorbereiten, in der Tradition und Geheimnis, Esoterik und Magie die Masken sind, unter denen sich ein tiefer Humanismus verbirgt. Und wir zeigten den tierischen Grund im Menschen auf, weil der Mensch zuerst in Afrika aus dem tierischen Dasein hervorgetreten war. Hier war es auch, wo er während Millionen Jahren die Grundlagen unseres Bewußtseins und unserer Verhaltensweisen formte und prägte.

Wir wissen allerdings nur wenig von den Glaubensformen des vorgeschichtlichen Afrikaners, und zwar wegen desselben Prinzips, das sich jeder irreführenden Interpretation zu verweigern befiehlt. Unsere Kenntnis wird erst vom Neolithikum an genauer, das vor sieben- oder achttausend Jahren begann. Immerhin wissen wir deshalb, daß die wesentlichen Antriebskräfte, die die heutigen Kulturen beeinflussen, damals bereits wirksam waren. Besser als jedes Museum blieb Afrika auf diesem Gebiet eine echte Bewahrungsstätte, denn ohne Zweifel spielte hier die mündliche Überlieferung jahrtausendealter geistiger Werte eine bedeutendere Rolle als in den meisten andern Kulturen.

Aus dieser Sicht verdeutlicht sich, daß die Sahara ein außerordentlich begünstigtes Land war, bevor sie zur Wüste erstarrte. Nirgends findet man Spuren jener großen Eismassen, die langsam Europa überzogen. Zwar

30 In Südalgerien ist der Tassili n'Ajjer dank seiner Höhe und der Lage seiner Täler ein wahrer botanischer Garten. Es ist schon sehr überraschend, wenn man unvermittelt auf einen Olivenbaum stößt, die berühmte *Olea laperrini,* an deren entlaubter Erscheinung die Tiere und die Nomaden mehr schuld sind als das rauhe Klima. Wie die Duprez-Zypresse und die Lorbeerrose ist dieser Baum ein Überbleibsel aus der Zeit, in der im afrikanischen Zentralmassiv ein richtig mediterranes Klima mit entsprechender Vegetation herrschte.

31

31, 32 Das polierte Steinbeil ist einfach das Endprodukt eines Schleifprozesses. Dieses Verfahren ist durch die wiederholte Entdeckung von Schleifspuren nachgewiesen. Vor allem an den Wänden von Abris, wie im Enneri Blaka, Niger (31), oder ausgedehnten Höhlen, wie in Tichitt, Mauretanien (32), sind Polierrillen sehr zahlreich.

32

33 Reibplatte und Reibstein! Ein wesentliches Element in der Revolution, die vor zehntausend Jahren – in der Jungsteinzeit – losbrach. Der Mensch lernte, die ihm von der Natur zur Verfügung gestellten Produkte zu verarbeiten. Und das Sammeln von Getreide zur Herstellung von Mehl ist die Grundlage, von der aus er eines Tages, um den wachsenden Bedürfnissen Genüge zu tun, dazu überging, Ackerbau zu betreiben. Diese Reibplatte und der zugehörige Reibstein wurden in den Dünen von Ouan Ti-n Barek am Nordrand des Tassili n'Ajjer gefunden.

34 Daß der Mensch auch die trostlosesten Stellen der Sahara bevölkerte, ist durch die unzähligen bearbeiteten Geräte, die er dort zurückgelassen hatte, reichlich belegt. Doch die Reibplatte zum Kornmahlen, die man hier zusammen mit dem Reibstein sieht, und anderswo die noch mit Getreide gefüllten Behälter aus Keramik scheinen plötzlich verlassen worden zu sein, wie wenn ein brutaler Umsturz die Leute zur Flucht genötigt hätte (Erg d'Admer, Tassili n'Ajjer, algerische Sahara).

35 Zeitlose Anmut: Diese junge Kanurifrau aus Séguédine, Niger, verwendet ein authentisch prähistorisches Gerät, um das Getreide zu mahlen, aus dem man Fladenbrot oder schmackhaftes Kuskus herstellt. Ihre Arbeit ist die gleiche wie die ihrer fernen Vorfahren, die gleiche auch wie die, welche uns auf ägyptischen Basreliefs erhalten geblieben ist. Diese einfache Reibplatte, auf der der Reibstein gleitet, um das Getreide zu zerreiben, sollte nicht mit der kleinen arabischen Steinmühle verwechselt werden, die aus zwei Mühlsteinen besteht, von denen der eine, bewegliche, auf dem andern, feststehenden, durch Drehung um die gemeinsame Achse mahlt.

33

waren in den kältesten Perioden die Gipfel des saharischen Zentralmassivs zweifellos von Schnee bedeckt, jedoch geriet dies eher zum Vorteil für die Ebenen, indem die Wasserreserven in viel regelmäßigerem Rhythmus abgebaut wurden. Die Vegetation am Fuß der Berge muß deshalb geradezu üppig gewesen sein. So liegt die neolithische Fundstätte von Méniet regelrecht in Zedernholzstaub begraben. Wie bereits erwähnt, waren alle großen Bodensenkungen von Seen bedeckt, an deren Ufern dichte Schilfgürtel wuchsen, gefolgt von großen, heute verschwundenen Baumbeständen, wie etwa der Zürgelbäume *(Celtis australis)*. Fauna und Vegetation vermochten die Bedürfnisse der Jäger- und Sammlerkulturen reichlich zu befriedigen. Überall finden sich Spuren der Fruchtbarkeit, selbst jener, die später – als Ausdruck der Angst – Kultobjekt wurde. Im Adrar Bous, im Osten des Aïr, enthält der Boden noch Spuren einer intensiven Baumvegetation. Der heute ausgetrocknete See Sebkra Mekerrhane im Südwesten von Tidikelt hat in seiner Tonerde die Abdrücke gewaltiger Papyrusstauden konserviert. Die ebenso ausgetrockneten Flußbetten, die der so seltene Regen für einige Stunden in gewaltige Ströme verwandeln kann, sind von kleinen oder großen Fischgräten übersät, von Muschelkies und Überresten versteinerten Schilfs. Hier sind es Kieselstücke, die die Wurzeln Zelle um Zelle nachgeformt hatten, dort ist es Kalkstein, der um eine längst versiegte Quelle emporgewachsen war. Diese Fruchtbarkeit hat wohl das, was man die Kehrseite der Medaille nennt, selbst in sich getragen: Begünstigte die gleichbleibende Feuchtigkeit in einem Land mit heißem Klima und diesen ungeheuren Wasserflächen nicht fürchterliche und ansteckende Krankheiten? Dies würde erklären, warum bestimmte Volksgruppen im Süden der Sahara und entlang der heute verschwundenen großen Seen, die sich vom Tschad bis nach Aouker in Mauretanien erstreckt hatten, wie an eine unsichtbare Barriere stießen, die für uns durch nichts mehr greifbar ist.

Soviel ist sicher, die heutige Sahara hat in ihren Regs (den Kieselwüsten) und unter ihrem Sand, in Höhlen und an Bergwänden noch immer einen kaum ermeßlichen Reichtum bewahrt, den die vom Jahrhundert des Erdöls gezeugten Plünderer bis jetzt nicht zu leeren vermochten.

Es wäre jedoch verfehlt anzunehmen, daß dort, wo nicht geplündert wurde, immer die unberührte Heimat prähistorischer Menschen wiedergefunden werden könnte, und zudem noch unter Bedingungen, die eine sofortige zeitliche Zuordnung erlaubten. Die ältesten Gegenstände liegen mit denen folgender Kulturen vermischt offen auf dem Boden. Man findet so, recht durcheinandergewürfelt, urtümlichste, kaum bearbeitete Geröllgeräte *(pebble-tools)*, Zweischneider und Faustkeile, Keramikscherben und Pfeilspitzen, deren Entstehungszeit Jahrhunderte auseinanderliegen. Man muß deshalb vorgeschichtliche Zeugnisse vor allem an Orten suchen, wo sich stratigraphische Schichten bilden konnten, die eine zeitliche Bestimmung ermöglichen. Solche Schichten können etwa so entstanden sein: Die ersten Menschen bearbeiteten Steine, und bei jedem Arbeitsgang häufte sich der Abfall ihrer Tätigkeit auf dem Boden an. Dann verschwanden diese Menschen – aus Gründen, die meist nicht erkennbar sind. In der Folge sammelte sich Sand über der verlassenen Wohnstätte, oder es bedeckten sie Anschwemmungen des Meeres, der Flüsse oder Seen oder auch

34►

nur die jährliche Ablagerung der Vegetation. Sehr viel später nahmen dann Menschen einer neuen Zivilisation, ohne daß sie es wußten, eine Landschaft wieder in Besitz, wo ihre Vorfahren bereits gelebt hatten. Die Rückstände aus ihrer Tätigkeit bildeten nun ihrerseits eine bestimmte Ablagerung auf einem Boden, dessen Anwachsen lang zuvor begonnen hatte.

Am besten kann diese Schichtung durch die Arbeit des Konditors verdeutlicht werden, der einen Kuchen herstellt, indem er verschiedene Teig- oder Creme-Arten aufeinander aufsetzt. Schneidet man ein Stück dieses Kuchens, zeigt sich in der Senkrechten die Schichtenfolge. Dieses Bild entspricht einer Bodenprobe, wenn sie im denkbar besten Fall, beispielsweise in einer Höhle, die Schichtung in ihrer ganzen Tiefe zeigt. Die eine Schicht sterilisiert die andere und bewahrt somit die Kulturzeugnisse aus Stein oder Knochen, die die aufeinanderfolgenden Bewohner hinterließen. Man muß sich allerdings vor jeder hastigen Interpretation einer auf diese Weise rekonstruierten Stratigraphie hüten. Nichts gibt uns Gewähr, daß alle Besiedlungen in diesem Schnitt auch wirklich ihre Spuren hinterlassen haben. Eine relative Gewißheit erbringt erst der Vergleich einer möglichst großen Zahl von solchen Schnitten aus benachbarten Grabungen.

Die Höhle ist jedoch – besonders in der Sahara – ein seltener Glücksfall. Am häufigsten suchten die Menschen unter einem einfachen Felsüberhang, einem sogenannten Abri, Schutz, oder sie begnügten sich mit dem Fuß einer aufsteigenden Felswand, die nur den Wind abhielt. Wo auch immer die Wohnstelle war, die vom Flugsand oder vom Flußschlamm verursachte Ablagerung kann positiv gewirkt haben, indem sie die Bodendichte zu steigern half. Auf der andern Seite mögen Wind und unablässig rieselnder Sand im Laufe der Jahrtausende gerade das Gegenteil bewirkt haben, indem sie dem Boden die leicht beweglichen Teile entzogen und nur die schwersten zurückließen, so daß mit der Zeit Zeugnisse verschiedenster Epochen nebeneinander zu liegen kamen. Nach diesem zweiten Muster verliefen die Dinge in der Sahara wohl am häufigsten. Beweis ist die geringe Wiederverwendung älterer Werkzeuge an Orten, wo Kulturzeugnisse verschiedensten Alters durcheinanderliegen. Dies wäre wohl kaum der Fall, wenn die späteren Bewohner einer Gegend Geräte ihrer Vorgänger gefunden hätten.

Derartige «Potpourri»-Fundstätten ohne gesicherte stratigraphische Daten haben also kaum wissenschaftlichen Wert. Selbst die strengste Sorgfalt beim Identifizieren der Gegenstände gibt keine Gewißheit über die Besiedlungsfolge, steht doch nicht fest, ob nun der ursprüngliche Bestand gefunden wurde, zumal auch die pedologischen und palynologischen Beweise auf immer verloren sind.

Was dürfen wir also erwarten, wenn vor uns das Steilufer eines längst ausgetrockneten Flußbettes einen hervorragenden stratigraphischen Schnitt zeigt, der um so leichter zu lesen ist, als die Ströme und Flüsse der Sahara in absehbarer Zeit kaum wieder Wasser führen dürften? Wie folgten die Menschen der Sahara seit frühester Zeit aufeinander? Darauf läßt sich einstweilen nicht genau antworten, da sich in letzter Zeit die klassische Ordnung der wissenschaftlichen Bilder von der Menschwerdung ein wenig veränderte, die vier Stufen unterschied: Australopithecus, Pithecanthro-

36 Das polierte Beil muß die vornehmlichste Waffe oder Gerätschaft der jungsteinzeitlichen Menschen gewesen sein. Man hat es zu Tausenden gefunden, und die Schönheit seiner Form wie die feine Körnung der gewählten Mineralien nötigen uns Bewunderung ab. Zahlreiche ethnographische Vergleiche erlauben die Annahme, es sei in Holz geschäftet worden, wobei das Schaftloch mit Hilfe des Feuers gebohrt worden war. Ein pflanzliches Harz dürfte, wie ein Leim, die Befestigung gesichert haben (Sammlung IFAN, Dakar, Senegal).

36

37

37 Unter den polierten Beilen nehmen die «Rillenbeile» (franz. *haches à gorge*) einen besonderen Platz ein sowohl wegen ihrer Schönheit als auch wegen der technischen Meisterschaft, von der sie zeugen. Diese beiden Stücke (Sammlung M. Bruggmann) stammen aus dem Ténéré, wo sie verhältnismäßig häufig sind. Der nächstgelegene Fundort ist der Wadi Beth in Marokko ..., einige hundert Kilometer entfernt.

38 Der «Tarut» von Tamrit ist eine der monumentalen Zypressen *(Cupressus dupreziana)*, die schon allein genügen würden, um die Bedeutung der alten Vegetation im Tassili n'Ajjer, wo diese immer noch überleben, zu belegen. Doch in einem Land, in dem Holz so selten ist, fragt man sich, durch welches Wunder ein so schöner Zeuge dem Massaker entgehen konnte ... Zwar untersagte ein Gesetz das Fällen der Bäume. Einzig das tote Holz durfte gesammelt werden. Die Nomaden versahen sich jedoch mit starken Bohrern, mit denen sie ein Loch bis ins Mark

38

hinein vortrieben. Sie füllten es mit Schwarzpulver und verkleideten die Öffnung zum Schluß mit Erde. Im folgenden Jahr, wenn sie zurückkehrten, war der Baum abgestorben! Aber es war ein Baum, für den es keinen Ersatz gibt, denn die Mehrzahl der Waldpflanzen kann sich hier nicht mehr selbständig verbreiten. Übrigens hatten die ersten Erforscher der Sahara notiert, daß in manchen Oasen in der Nähe der Berge des Zentralmassivs die Haustüren aus Zypressenholz hergestellt waren.

39, 40 Der Reibstein und der Polierstein auf Bild 39 stammen aus Mauretanien und zeugen von der Arbeitsteilung, die sich sehr früh im Neolithikum herausbildete. Der Reibstein, fast wie der Stößel unserer heutigen Mörser, ist das Gerät der Hausfrau. Mit dem Polierstein glättete der Handwerker rauhe Knochensplitter zu feinen Nadeln, indem er sie unermüdlich in den halbrunden Rinnen reibend hin und her führte. Wo immer man sie findet, sind diese Gegenstände aus poliertem Knochen so schön, fein und formenreich, daß man wirklich annehmen muß, ihre Hersteller hätten sich ganz auf diese Aufgabe spezialisiert.

pus, Neandertaler und Homo sapiens. Den Australopithecus ordnete man der «Vor-Steinzeit» (Diluvium) zu – es steht nicht fest, ob er schon Stein zu bearbeiten wußte. Das Altpaläolithikum (die Ältere Altsteinzeit) sah die Faustkeilkulturen des Pithecanthropus und ähnlicher Archanthropinen. Der Neandertaler und ähnliche Paläanthropinen hielten die Mittlere und den Beginn der Jüngeren Altsteinzeit «besetzt» (Spitzen-Kultur: kleinere Handspitzen, Schaber, Klingen, erste Knochenwerkzeuge), während man dem Homo sapiens die Zeit des Neolithikums mit seiner «ersten industriellen Revolution» zubilligte; er ist der direkte Vorfahre des heutigen Menschen, des Homo sapiens sapiens.

Aufgrund neuerer wichtiger Entdeckungen hat jedoch die Hypothese an Bedeutung gewonnen, daß die Entwicklung nicht in so streng chronologischer Ordnung verlaufen ist, sondern daß die drei altsteinzeitlichen Zweige (Archanthropinen: Pithecanthropus, Sinanthropus; Paläanthropinen: Neandertaler; Neanthropinen: Präsapiensgruppe und Homo sapiens) eine gemeinsame prähominine Grundlage haben und auch teilweise nebeneinander gelebt haben müssen. Diese Entdeckungen beweisen die Existenz eines Homo habilis, dessen Name schon genug unterstreicht, daß er kein Affe mehr war, vor mehr als zwei Millionen Jahren. Er muß also noch Zeitgenosse des Australopithecus gewesen sein, der die Schwelle zur Menschwerdung noch kaum überschritten hatte.

Der neue Stammbaum sähe also so aus: Zuerst der Homo habilis, Schöpfer einer Geröllkultur *(pebble-tools)*, dem im Altpaläolithikum der Javanische Frühmensch *(Homo erectus erectus)*, der frühere Pithecanthropus, folgte. Die zeitliche Einordnung des Neandertalers bleibt unverändert, doch ist er noch Zeitgenosse – im oberen Paläolithikum – echter *sapiens*-Menschen. Doch auch diese Ordnung ist in vielen Punkten noch nicht gesichert, und es wäre viel zu früh, sie als endgültig zu werten. Über das Vorhandensein des Homo habilis zu einer Zeit, die bis etwa 2 200 000 Jahre zurückreicht, gibt es jedoch praktisch keinen Zweifel mehr, und Afrikas Rolle in der Erforschung des menschlichen Ursprungs wird immer wichtiger, vor allem auch durch die Funde in Abessinien, im Tal des Omo, die man als Überreste erster Werkzeuge bezeichnen kann. Um auf die Sahara zurückzukommen: Niemals sind in ihr Steinwerkzeuge in der Nähe von Skeletten aufgefunden worden, die uns zu bestätigen erlaubten, daß der Homo habilis hier je heimisch war. Der Yayo-Mensch, von Y. Coppens im Tschad entdeckt, scheint, so alt er auch sein mag, am Rande der Sahara gelebt zu haben.

Unbekannt bleibt auch der Erfinder der Handspitze. Dieses schöne, mandelförmige Steingerät bedeckt buchstäblich einige Gebiete der Sahara, wo sie gleichzeitig mit einem etwas sonderbaren Werkzeug zu finden ist, das man seiner Form wegen als «kleines Beil» oder «kleine Axt» bezeichnen könnte, die offensichtlich im Wald verwendet wurde. Sehr oft weist die Schneide Scharten auf, die auf einen keineswegs sanften Gebrauch schließen lassen. Man mag daher an eine Armee von Holzfällern denken, die während des Altpaläolithikums rücksichtslos die Wälder der Sahara lichteten. Diese Vermutung wird um so wahrscheinlicher, als das Studium von Pollen dieser Epoche die Existenz großer Bäume mittelmeerischer Art nachweist.

Auch die Neandertaler oder ihre saharischen Verwandten haben die großen, noch grünen Regs und die dicht bewaldeten Berge aufgesucht. Während etwa zwanzigtausend Jahren wurden Treibjagden auf das Warzenschwein veranstaltet, dessen Fleisch anscheinend ihrem Geschmack besonders entsprach. Wenn der Neandertaler am Anfang als der Entdecker der subtilen Kunst auftritt, Steinsplitter zu bearbeiten, um daraus ein großartiges Waffen- und Werkzeugsortiment herzustellen, so gewinnt man am Ende seiner Zeit den Eindruck, daß er besonders in der Sahara in gewisser Weise das Anrücken seiner neolithischen Nachfolger geradezu vorbereitet hatte.

«Und das Jungpaläolithikum?» – Diese Frage wird unweigerlich von Lesern, die prähistorische Kenntnisse besitzen, gestellt werden. Sie haben recht damit, denn es ist erwiesen, daß der Homo sapiens an anderen Orten das Paläolithikum als Vorbereitung der neolithischen Revolution benötigte. In der Sahara scheint jedoch die entwicklungsmäßige Phase der Mittleren Altsteinzeit sehr viel länger gedauert und schließlich einen Ersatz für das hervorgebracht zu haben, was anderswo eindeutig als Jungpaläolithikum bezeichnet werden kann. Wesentlich einfacher gesagt: Die Ankunft des Homo sapiens vollzieht sich wie eine Eroberung.

Hatte er Verbindung mit seinen Vorgängern, den Neandertalern? Man wagt dies noch nicht zu bejahen, aber einige wissenschaftliche Daten lassen es besonders für den Norden des heutigen Niger als wahrscheinlich erscheinen. Dies ist der eigentliche Grund, warum das, was in der Sahara dem Neolithikum vorausging und verspäteten Verwandten des Neandertalers zu verdanken ist, als spätpaläolithische Kultur bezeichnet wird. Man hat sich auf diesen Ausdruck für eine Epoche geeinigt, die sich zwischen dem Ende des Mittleren Paläolithikums bis zur plötzlichen Ankunft der jungsteinzeitlichen Völker erstreckt. Diese Einigung ist selbstverständlich kein endgültiges Urteil, aber sie deckt sich aufgrund zahlreicher Beobachtungen mit all dem, was wir von der prähistorischen Chronologie der Sahara wissen. Daß sie noch allzu ungenau ist, sollte jedoch stets bewußt bleiben.

Wir sind damit nach und nach in ziemlich enttäuschender Weise zum Kernpunkt unseres Themas gelangt: Die Menschen, für die wir uns hier interessieren und deren Auftreten wir beobachten möchten, scheinen mit einem Satz in unser Forschungsgebiet gesprungen zu sein. In Europa ist das Neolithikum die logische und voraussehbare Folge eines erstaunlichen, stetigen Reifens. Man sieht es entstehen oder nimmt an seiner Ankunft teil. Nichts davon aber in der Sahara. Man sucht zwar aufmerksam nach Motiven, die den Glauben unterstützen, daß dieses Wachsen einer jungsteinzeitlichen Kultur hier oder dort bemerkbar wird. Bald aber zeigt sich die Sinnlosigkeit dieser Vermutungen. Es bestehen wohl große Migrationswege, sie gehen jedoch von Ballungszentren aus, von deren Entstehung nichts bekannt ist, einen oder zwei Fälle von Evolution bei älteren Kulturen ausgenommen. Und überdies werden die Einsichten der wissenschaftlichen Forschung durch politische Eifersüchte getrübt. Die Weißen wollen die Priorität nicht den Schwarzen abtreten, die Schwarzen lehnen jede

Der hier gezeigte, kürzlich im Nordwesten von Mauretanien entdeckte jungsteinzeitliche Schädel unterscheidet sich von dem eines modernen Menschen in keiner Weise (40). Auf anthropologischer Ebene ist das Studium der neolithischen Skelette ziemlich enttäuschend, denn man kann sie nur in drei Gruppen einteilen: Schwarze, Weiße und Mischlinge. Das Geheimnis ihres Ursprungs bleibt, und nichts macht verständlich, weshalb der Homo sapiens sich innert recht kurzer Zeit der Weltherrschaft bemächtigt hat. Die verfügbaren wissenschaftlichen Daten

39

erlauben die Annahme, daß die Neolithiker zwischen 7000 und 6000 v. Chr. die Sahara zu besetzen begannen; aber diese Zahlen sind erst vorläufig, und es ist durchaus möglich, daß sie ein wenig zu niedrig angesetzt sind (Sammlung IFAN, Dakar, Senegal).

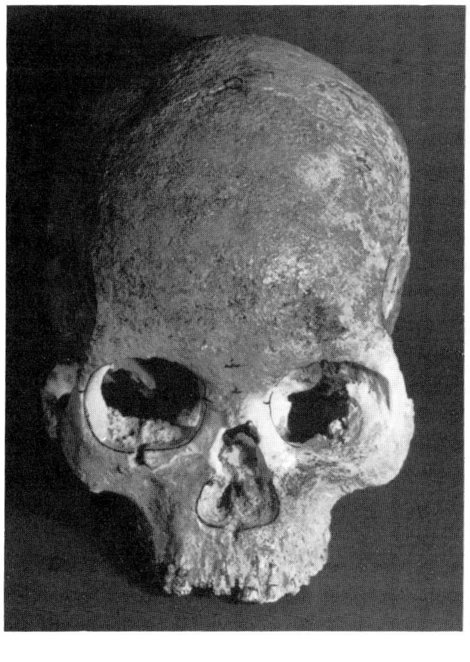

40

41 Die in unserer Zeit so hoch entwickelte Kunst, sich zu schmücken, erscheint im Neolithikum der Sahara ganz plötzlich und unerwartet. Man muß sich aber die wichtige Rolle merken, die die Magie bei der Wahl der Formen und Objekte gespielt hat. Ein großer Teil der Anhänger hat einen vorbeugenden Charakter, den man nicht immer zu erklären vermag. Die ersten Erforscher von Südafrika haben über die merkwürdige Technik berichtet, Perlen aus Straußeneierschalen herzustellen. Schalenstücke wurden gelocht und auf einen Faden aufgefädelt, den

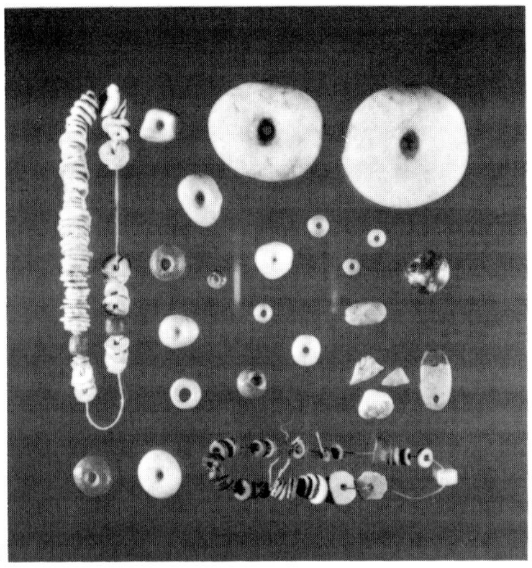

41

man nach Beendigung der Arbeit an beiden Enden verknotete. Dann wurde die so entstandene grobe Rolle lange und rundherum durch eine enge, in ein Stück Sandstein eingetiefte Rinne gezogen. Diese «Unterlagsscheiben» dienten jedoch in erster Linie als Geld (Sammlung IFAN, Dakar, Senegal).

42 Dieses Bororomädchen aus dem Niger zeigt auf anmutige Weise, wie seine fernen Ahnen den reichen und schillernden, im wesentlichen aus Stein und Muschelschalen hergestellten Schmuck getragen haben müssen.

42

Möglichkeit eines Einflusses aus dem Mittleren Osten ab. Solche Haltungen erschweren selbstverständlich das unabhängige Urteil des Wissenschaftlers, der jedoch unter keinen Umständen rassischem Druck nachgeben darf. Um so weniger, als Afrikas Privileg, Wiege der menschlichen Rassen zu sein – wie wir glauben –, Konzessionen an die wissenschaftliche Tatsache einer Beeinflussung aus dem Mittleren Osten im Laufe des Neolithikums – wie schon der Engländer Flinders Petrie (1853–1942) beim Erforschen der Ursprünge des ägyptischen Volkes aufgezeigt hatte – kaum als Gesichtsverlust erscheinen lassen.

Gerade wenn man sich von jeder Voreingenommenheit und jeder Parteinahme frei weiß, wird man sich vergegenwärtigen müssen, daß die Zivilisation sehr lange einer natürlichen Evolution gehorchte, und zwar vor allem zu einer Zeit, als der Mensch noch nicht die Fähigkeit besaß, seine Umwelt zu formen, sondern von ihr geformt wurde. Mit dem Neolithikum erscheinen die ersten Zeichen seiner beginnenden Herrschaft über seine Umwelt. Man hat weder genügend unterstrichen, wie grundlegend sich mit dem ersten irdenen Kochtopf die Ernährungsweise änderte, was den biochemischen Haushalt des menschlichen Körpers entscheidend beeinflußte, noch hat man darauf hingewiesen, daß die Industrielle Revolution seit 1850 diese Störungen derart beschleunigte, daß man sich fragen kann, ob die Evolution überhaupt noch Sinn hat. Wir behaupten schließlich – um uns ganz klar auszudrücken –, daß Zivilisation eine auf die Zukunft gerichtete Ausfaltung menschlichen Geistes ist. Zivilisation ist durch die Gesamtheit aller Kenntnisse und Informationen geformt, denen unser Bewußtsein untrennbar verbunden ist. Und leider ist unser Bewußtsein derart konstruiert, daß wir, wenn wir die Vergangenheit zu verstehen suchen, nach dem urteilen, was *ist,* und nicht nach dem, was *war.* Anders gesagt: Wir kehren das Ergebnis der Entwicklung um und gehen gerade dadurch in die Irre. Dies erklärt, wieso wir unfähig sind, uns sowohl über das Bewußtsein unserer Vorahnen als auch über die Art ihrer Gesellschaft ein zuverlässiges Urteil zu bilden, weil wir diese Urteile aufgrund unseres heutigen Wissens formen, statt sie nach dem Wissen und dem Bewußtseinsgrad der Menschen der Vergangenheit zu rekonstruieren. Ohne jedes Werturteil sei schließlich festgestellt, daß der Versuch, unsere ethnographischen Anschauungen auf Urgesellschaften der Vergangenheit zu übertragen, nicht eben seriös ist. Wir nennen eine Zivilisation «primitiv», die, an absoluter Chronologie gemessen, ebenso alt wie unsere eigene ist. Auch diese als primitiv bewertete Zivilisation besitzt Traditionen, ihre Esoterik, ihre Glaubensvorstellungen –, und meist war es die allen Bedürfnissen in Überfülle genügende Umwelt und nicht irgendeine geistige Unfähigkeit, die den technischen Fortschritt aufgehalten hat. Vom Frauenraub im Paläolithikum beispielsweise zu sprechen, um eine Gesellschaft von damals zu erklären, wäre nur Vorgeschichts-Science-fiction, der wir uns versagen.

Nach diesen grundsätzlichen Feststellungen zurück zu unserem Thema: Wie sah diese Sahara also aus, als die Neolithiker sie so plötzlich überfluteten. In der vorangegangenen Epoche hatten die polare Kaltluftfront und der Monsun aus dem Golf von Guinea stets hintereinander die Sahara überzogen, um ihr den Regen zu bringen, von dem ihre Fruchtbarkeit abhing. Gras bedeckte das Hinterland. Die Flüsse führten noch Wasser. Der Igharghar wälzte seine donnernd vom Ahaggar, dem Hoggar, herabstürzenden Wasser dem See von Ouargla im Norden entgegen. Es fehlte nicht an Linguisten, die bemerkten, daß das Wort eine klangmalerische Wortschöpfung griechischen Ursprungs mit der Bedeutung des Gurgelns aufnimmt, um das Brausen eines vom Gebirge niederstürzenden Flusses anklingen zu lassen. Der Tefassasset war ein anderer großer Wasserlauf, der in einer weiten Region im Süden des saharischen Zentralmassivs die Wasser sammelte, um nach einem langen Weg tief im Süden einen Tschadsee zu speisen, der über seine heutigen Ufer weit hinausreichte. Der Wadi Tamanrasset floß gegen Westen und erweiterte nicht weit des Aouker in Mauretanien den Komplex des Tilemsi, wo der Lac de Tichitt an die hufeisenförmige Steilwand schlug, die das nördliche Ufer bildete. Die Saoura, die nordsüdlich entlang der heutigen algerisch-marokkanischen Grenze floß, endete ebenfalls in einem riesigen See. Wasser fand sich also noch überall, obgleich es bereits nicht mehr den früheren Hochstand erreichte. Zweifellos, weil sich die Regenfolge verschlechtert hatte. Von da her jedoch annehmen zu wollen, die Sahara dieser Epoche sei von Wäldern gleich denen Germaniens zur Zeit des Tacitus bedeckt, würde zu weit gehen. Wenn auch die Berge bis zu einer gewissen Höhe noch eine auf ein mediterranes Klima zurückgehende Flora bewahrt hatten, wo noch Olivenbäume, Zypressen, Oleander, Linden usw. vorherrschten, war doch die Ebene nicht in dem Sinne mit Wäldern bedeckt, den wir heute diesem Wort beilegen. Der Zürgelbaum *(Celtis australis)* der Mittelmeerländer lieferte nicht nur ein für Waffen geeignetes Holz: für Schäfte der Lanzen und der Assagai, einer Art langer Spieße, für Pfeile, Bogen, Wurfhölzer usw.; seine schlehengroßen, braunen, süßen Früchte – die man in der Antike für den Lotos der Lotophagen hielt – waren als Bereicherung des Speisezettels wohl ebenso begehrt wie die Jujube oder Brustbeere, die Frucht der *Zizyphus jujuba* und *mauritania,* einer der ältesten Nutzpflanzen des nordafrikanischen Raumes. Daneben gab es noch verschiedene Baumarten, die heute nicht mehr zu bestimmen sind. Man darf annehmen, daß die Erscheinungsform der Vegetation meist die lockere Baumsavanne, durchsetzt von Wäldchen, war, wobei Galeriewälder die Flußläufe säumten. Die Seeufer waren wohl schon sehr früh ganz mit Schilf überwachsen. Diese Flora deckte sich also in groben Zügen – obwohl eher fruchtbarer und reicher an Wasser – mit jener des heutigen ostafrikanischen Raumes, und folgerichtig war in ihr eine ähnliche Tierwelt – tiergeographisch die Äthiopische Region genannt – vertreten: Elefanten, Giraffen, Nashörner, Flußpferde, Krokodile, Büffel usw. Ihr Bestand war sicherlich sehr groß, obgleich Knochenreste bei den bisherigen Ausgrabungen nur spärlich gefunden wurden. Alle Bedingungen für eine rasche Verbreitung von Neuankömmlingen waren also erfüllt. Besonders die langen Wasserläufe, denen alle bedeutenden Wanderzüge folgten, waren von der Trockenheit noch nicht wesentlich bedroht.

Hier muß eine seltsame Beobachtung erwähnt werden: Als sich die Neuankömmlinge in den verschiedenen bergigen Gebieten niederließen (Tibesti, Tassili, Atlas usw.), brachten sie eine blühende Kultur mit. Gravierungen,

43 Dieser schöne Topf aus dem Niger ist sehr typisch für die Keramik des Neolithikums. Die hübsche, mit einem Kamm aufgebrachte Verzierung zeugt von sicherem Geschmack und zugleich lebhafter Originalität. Die Erfindung der Töpferei markiert eine Wende in der Geschichte der Menschheit. Vorher bereitete der Mensch seine Nahrung mehr oder weniger flüchtig zu. Jetzt, da er über einen feuerfesten Behälter verfügt, beginnt er, sich selbst stark zu beeinflussen, indem er seine Nahrung mehr und mehr bereichert. Bis zu diesem Punkt ist es die Umwelt, die den Menschen leitet; aber jetzt, da er das, was er aus der Umwelt bezieht, verarbeitet, verändert er sie immer stärker.

43

44 Ein junges Mädchen aus dem Gourmagebiet, Mali, bietet in einer Kalebasse Milch an. Die Nomaden haben die für Transportzwecke zu zerbrechliche Keramik nicht übernommen. Indessen verstehen sie es, Flüssigkeiten in einem einfachen, über einen Holzreifen gespannten Hautsack zu kochen, indem sie erhitzte Steine hineinwerfen. Bewundernswert ist die Beständigkeit der Formen von der Prähistorie bis heute.

44

Malerei, Reliefskulpturen und vergoldete Keramik verraten ein hohes geistiges Niveau. Diese Kunst wurde nie mehr erreicht, zumindest bis in eine sehr späte Epoche nicht mehr. Es scheint, als hätte sich der handwerkliche und künstlerische Schöpfergeist derjenigen, die diese Kunst mitbrachten und sicherlich auch ihre Erfinder waren, unter der mehr und mehr sich verdichtenden Bedrohung durch das Klima relativ schnell verbraucht.

Es bleibt immerhin eine unbestreitbare Kulturleistung, die die neolithischen Menschen aus der nubisch-äthiopischen Zone mit sich brachten. Sie waren gleicherweise Meister in der Steinbearbeitung für Werkzeuge wie für Skulpturen und Gravierungen, hervorragende Maler und Töpfer. Sie brachten von den fernen Ufern des Nils die Fertigung von Harpunen und Angeln aus Knochen mit, und sie besaßen alle erforderlichen Kenntnisse für Jagd und Fischerei, Obstanbau und Viehzucht. Sie wußten um die Kunst des Brennens und schufen eine Keramik, deren anmutige, vielfältige Formen und reichen Dekors unvergleichlich sind. Im Lauf der Zeit aber kam – zuerst langsam und unmerklich, dann immer schneller – der Niedergang: Die Strukturen dieser Kultur veränderten sich in einem Maße, daß es schwerfällt, sie in einem mehr dekadenten als naiven, eher ungeschickten als primitiven «Graphismus» wiederzuerkennen. Von welch verborgenem und mächtigem Übel wurde diese Kultur getroffen? Wir müssen die Ursache in der bereits erwähnten Klimaverschlechterung suchen. Doch darf dies nicht so verstanden werden, als hätten sich die beobachteten Tatsachen auf einer horizontalen, übersichtlichen und zeitlich einheitlichen Ebene abgespielt. Den tatsächlichen Verlauf dieser Ereignisse hat man sich stets vertikal, vielschichtig und einer globalen Erfassung unzugänglich zu denken. Aber wie dem auch sei, die Erforschung der jungsteinzeitlichen Sahara läßt uns im ganzen drei Epochen unterscheiden, von denen sich jede genügend von der anderen absetzt: das Ältere Neolithikum von ungefähr 5000 bis 3000 v. Chr., das Mittlere Neolithikum von 3000 bis 1500 v. Chr., und schließlich das Jüngere Neolithikum, das mit dem Aufkommen von Metallen und deshalb in den verschiedenen Gebieten zu unterschiedlicher Zeit endet, ja sich stellenweise bis in die Gegenwart erhalten hat (z. B. Australien, Südamerika). Diese Einteilung widerspricht der Meinung vieler Prähistoriker, die, von einer allzu summarischen Betrachtung der Dinge aus, eine Einheit der jungsteinzeitlichen Sahara dekretierten. Indem sie sich auf die laienhaften Beobachtungen Reisender stützten, behandelten sie die jungsteinzeitliche Kultur der Sahara als ganzheitliche, aber verspätete Erscheinung, die zu erforschen der Mühe nicht wert sei. Diese Auffassung wird durch den heutigen Wissensstand gründlich widerlegt.

45

45 Der steinerne Wald von Tin Alkoum, Tassili n'Ajjer (Algerien), ist eine Sehenswürdigkeit der Sahara. Er ist das Ergebnis einer an sich nicht ungewöhnlichen Erosion. Hier sind die den Angriff auf die Mineralien bestimmenden Faktoren allerdings recht eigentümlich. Da ist zunächst die Abschleifung durch die Saharastürme, die den Sand einem Sandstrahlgebläse vergleichbar gegen jedes Hindernis schleudern. Dann ist der Unterschied zwischen den täglichen Temperaturmaxima und den nächtlichen Minima von solchem Ausmaß, daß er wahre Gesteinsexplosionen hervorruft. Und schließlich, obschon dies praktisch aufgehört hat, der Angriff durch das Wasser in einer Zeit, da die Regen vor allem in Form gewittriger und heftiger Platzregen fielen. Zeugen der heftigen Gewitter sind die zahlreichen Fulguriten oder Donnerkeile, die sich durch Blitzeinschläge im Sand bildeten, indem dieser rund um das Einschlagloch schmolz. Diese verhärteten Röhren wurden dann durch die Erosion freigestellt.

Hier muß noch einmal auf die Gefahr hingewiesen werden, die voreiligen Rückschlüssen bei der Datierung innewohnt. Einige Autoren versuchten eine Zuordnung, die die drei wesentlichen kulturellen Errungenschaften des Fruchtbaren Halbmonds (die fruchtbaren Gebiete des heutigen Jordanien, Israel, Syrien und Irak) in der Jungsteinzeit – Viehzucht, Anbau von Kulturpflanzen, dörfliche oder «städtische» Siedlungsform – als zu erfüllende Normen einer jungsteinzeitlichen Kultur festlegt.

Ohne Zweifel hat die Kultur des Fruchtbaren Halbmonds die Entwicklung der Zivilisation ganz entscheidend geprägt und einen bestimmten

Typus menschlicher Gemeinschaft endgültig festgelegt. Von dem Augenblick an, wo der Mensch zu selektionieren, anzubauen und aufzuziehen versteht, beherrscht er die Instrumente seines wirtschaftlichen Wachstums. Mit dem Aufbau einer dörflichen Siedlungsform entdeckt er die Macht wechselseitiger sozialer, politischer und religiöser Bindungen. Von da an verteidigt er den heimischen Herd und heiligt die Erde, in der seine Toten bestattet sind. Folgerung: Kann aufgezeigt werden, daß Ackerbau, Viehzucht oder Dorf bekannt waren, mußte die oben erwähnte Entwicklung zwingend ihren Lauf nehmen.

Dennoch ist dieses verführerische Bild nur scheinbar stichhaltig, und einmal mehr stellt es die Projektion unserer Kenntnisse auf eine kaum erhellte Vergangenheit dar, von der wir lediglich materiale und technische Aspekte kennen. Außerdem kann ein an Descartes geschultes logisches Denken nicht einer Methode zustimmen, die von einer Annahme ausgeht und dann die Schlußfolgerung als wissenschaftliche Erkenntnis akzeptiert.

Erstens folgert der Vorgeschichtler – im Gegensatz zum Historiker – nur aus den erhaltenen materialen Zeugnissen, die kaum je die Ganzheit einer Kultur wiederzugeben vermögen. Zweitens mag er zwar anhand dieser Zeugnisse auf die Möglichkeit einer so oder anders gearteten Gesellschaft schließen, kann jedoch ihre Wirklichkeit nicht garantieren. Der unvoreingenommene Prähistoriker wird denn auch nicht erstaunt sein, wenn unwiderleglich bewiesen wird, daß eines der ältesten Dörfer, die im Mittleren Osten freigelegt wurden, vor jeder Kenntnis des Ackerbaus und der Viehzucht bestand, oder daß ein eindeutig jungsteinzeitliches Fischervolk niemals diese drei erwähnten Normen erfüllte.

46

46 Dieses Bild des Fundplatzes von Jabbaren im Tassili n'Ajjer (algerische Sahara) zeigt die ausgedehnten Abris, in denen die neolithischen Menschen lebten. Auf ihre Wände malten sie mit vollendeter Kunstfertigkeit die vertrauten Szenen aus ihrem täglichen Leben.

Warum diese lange Abschweifung? Um besser die wirklichen Gefahren bei der Erforschung der jungsteinzeitlichen Sahara aufzuzeigen! In der Sahara finden sich erstaunlich viele Steinmühlen (Reibplatten) und mörserähnliche Zerkleinerungsgeräte. Selbstverständlich wurden damit irgendwelche Produkte zerkleinert. Aber welche? Und hier wird es gefährlich: «Der Müller mahlt das Korn. – Also erntete man Korn. Das Korn erfordert Ackerbau. – Also trieb man Ackerbau. Daraus folgt: Das Vorhandensein von Mühlsteinen bestätigt den Anbau von Kulturpflanzen.» Dies aber ist nichts anderes als eine syllogistische Schlußfolgerung, da für den Beweis des Ackerbaus von einer falschen Prämisse ausgegangen wird, müssen doch diese Reibplatten und Mörser nicht notwendigerweise für das Mahlen von angebautem Getreide verwendet worden sein. Oft wurden sie benützt, um färbende Mineralien, wie Ocker, zu pulverisieren, oder man zerkleinerte wildes Korn, Käse, Trockenfleisch oder -fisch, rieb die Bindemittel für die Keramik, zerstieß Heilpflanzen, eßbare Wurzeln usw.

Hier wie anderswo ist es der «Funktionalismus», der dem Prähistoriker gefährlich wird – die Versuchung, das Objekt um jeden Preis durch seine Funktion zu erklären. Und weil wir – wie schon erwähnt – nach unseren heutigen Kenntnissen urteilen und nicht nach dem Wissensstand jener, die das Objekt selbst benützten, ist die Gefahr einer Fehl- oder Überinterpretation stets gegenwärtig. Man wird sich also, will man einigermaßen Gewißheit erlangen, mit der klassischen Methode der Vorgeschichtsforschung begnügen müssen, die vor allem in der Typologie besteht: Ein Objekt wird

47 Der große Abri mit Malereien am Fundplatz 10 des Enneri Blaka in der Republik Niger ist ein anderes Beispiel für die Örtlichkeiten, welche die neolithischen Menschen anzogen. Sehr gute Einzelheiten der Malereien, die diese Abris schmücken, sind auf den Bildern 112, 141, 142 und 143 zu finden.

47

48, 49 Die jungsteinzeitlichen Siedlungen in der Gegend von Tichitt, Mauretanien (48), zeugen von einem interessanten und sehr frühen Urbanismus: mit Vorliebe auf die Höhe eines der riesigen, den großen – heute verschwundenen – See von Aouker überragenden Riffe gesetzt, sind es richtige befestigte Dörfer mit gemauerten Einfriedungen, in deren Innern Häuser aus Stein, ergänzt durch Holz und Lehm, errichtet waren. Das Bild zeigt ein eingestürztes Tor. Bild 49 zeigt eine verlassene Reibplatte, eine *meule dormante*. Die große Zahl dieser Geräte spricht für die Bedeutung des Mahlens, ohne aber die Existenz von Ackerbau zu beweisen.

50 Dieses prächtige Farbbild der Fundstätte von Tijott bei Akhreijit (Mauretanien) gibt einen Teil des Ausblicks wieder, den man auf der Spitze eines zur Nekropole gewandelten Sandsteinhügels genießt. In den Einfriedungen und auf einem felsigen Sattel, der die Stätte mit dem ganz in der Nähe gelegenen Riff verbindet, finden sich Tausende von Grabmälern.

48

49

bis ins einzelne beschrieben, klassifiziert und zahlenmäßig erfaßt, um so eine vergleichende Statistik zu ermöglichen. Und allein die Unterschiede, die aus den Kurven dieser vergleichenden Statistik ersichtlich werden, haben einen wissenschaftlichen Wert. Wir treten hier nicht weiter auf das Problem ein, ob es methodologische Beweise gebe, daß eine Agrikultur bereits bestanden habe, denn ein solcher Exkurs würde zu weit führen. Wir weisen lediglich darauf hin, daß die Ökologie und die ökologische Betrachtungsweise zwingend fordern, den alten Kulturen unerwartete Lebensformen zuzuerkennen, Formen, unter denen Viehzucht, Ackerbau und dörfliche Siedlung nur Einzelerscheinungen sind. Was darüber hinaus von diesen Kulturen unserer Forschung zugänglich ist, schließt Irrtümer in der Beurteilung keineswegs aus. Die spätneolithischen Siedlungen in Tichitt in Mauretanien sind der eindeutige Beweis einer hochentwickelten dörflichen Kultur – überliefert, weil hier (ausnahmsweise?) in Stein gebaut wurde. Dagegen bedurfte es eines außergewöhnlichen Zufalls, um im Ténéré, am Niger, die Spuren von Hütten zu entdecken, die uns Kenntnisse über nicht weniger ausgeprägte, aber viel ältere soziale Strukturen vermitteln.

Zusammenfassend kann gesagt werden, daß am Geist klassischer Prähistorie festzuhalten ist, um ein möglichst klares Bild der jungsteinzeitlichen Sahara zu erhalten: «Das Neolithikum, letzte Periode innerhalb der Steinzeit, ist durch den Fortbestand von Geräten gekennzeichnet, die ganz aus Stein gefertigt wurden. Dieser Fortschritt war bereits in der vorangegangenen Epoche angelegt und also voraussehbar. Man hat Grund, für das Neolithikum die Erscheinung neuer und revolutionärer Techniken und Kenntnisse anzunehmen: Keramik, Steinschliff, Weben, Beleuchtung usw.» Und: «Das Neolithikum ist ebenso durch das erste Auftreten von Ackerbau, Viehzucht und dörflicher Siedlungsform gekennzeichnet – ohne jedoch den Beweis für die Existenz dieser drei Errungenschaften unbedingt leisten zu können.» Eine lange Vertrautheit mit der Sahara zeigt, daß eine Vollständigkeit des Beweismaterials kaum zu erreichen ist. Es gibt zu diesem Thema eine Erklärung, die eher Erfahrungs- und geschichtlichen Wert als wissenschaftliche Gültigkeit hat: Vor der Kolonialisierung im letzten Jahrhundert fanden die Völkerstämme der baumreichen Savanne – nach zeitgenössischen Quellen zu urteilen – alles Notwendige für die Befriedigung ihrer Bedürfnisse bereits vor. Die Nutzbäume wurden verschont, also nicht für Brennmaterial geschlagen, aber auch nicht kultiviert. Die Nährpflanzen hingen ebenfalls mehr von einer «Protoagrikultur» als von einer entwickelten Form des Ackerbaus ab. Ein Sprichwort wie: «Wenn Gott für den Menschen sorgt, muß der Mensch nicht für Gott sorgen» steht grundlegend dem europäischen «Hilf dir selbst, so hilft dir Gott!» entgegen. Und da unbestritten ist, daß die jungsteinzeitliche Sahara bedeutend fruchtbarer war als vergleichbare Gebiete Afrikas im 19. Jahrhundert – ganz zu schweigen von den Verheerungen, die die Dürre in der Sahelzone in den letzten Jahrzehnten verursachte –, müssen Früchte, Gemüse, Wild und Fische damals fast überall in Reichweite der Hand beziehungsweise des Pfeiles oder der Harpune gelegen haben, so daß keinerlei Notwendigkeit bestand, sie der Natur abzuringen. Was jedoch immer wieder überrascht, ist das abrupte Auftreten der jungsteinzeitlichen Kultur in der Sahara, einer 5

Kultur, die ihren Vorgängern nichts zu schulden scheint. Die Neolithiker vervollkommneten nicht nur die schwierige Technik der Steinbearbeitung, ohne über irgendwelche Metallwerkzeuge zu verfügen, sondern entdeckten gleichzeitig eine eindrucksvolle Zahl neuer Techniken, mit deren Hilfe sie ohne Übergang plötzlich künstlerische Meisterwerke schufen.

Trotzdem fehlt noch viel, bevor wir mit einer gewissen Bestimmtheit sagen können, wem wir diese subtilen Manifestationen einer Kunst verdanken, die – zumindest in der Sahara – nie mehr erreicht wurde. Bis jetzt steht kaum mehr fest, als daß die Mehrzahl der seit Beginn der Saharaforschung identifizierten Skelette zum alten negroiden Stamm gehören. Woher jedoch kommt dieser Eindruck einer Rassenvermischung, die so vielen Typen eignet? Was geschah inmitten der nubisch-äthiopischen Zone, von der wir bereits sprachen? Stützt man sich auf die neuesten Arbeiten über die Jungsteinzeit im Vordern Orient, so scheint es, als ob sich zwischen dem Isthmus von Suez und dem Golf von Aden orientalischer Einfluß geltend gemacht hätte – ein Einfluß, der als Katalysator für das plötzliche Auftreten einer neolithischen Kultur in der Sahara wirkte. Man hätte übrigens unrecht, andere revolutionäre Entdeckungen zu erwarten. Ein Blick auf die Karte zeigt die einheitlich geschlossene Struktur des afrikanischen Kontinents. Ein «Einwandern» ist nur an zwei Stellen möglich: im Süden Spaniens oder am Isthmus von Suez. Die Meerenge von Gibraltar ist viel schwieriger zu überqueren, als man es aufgrund der geringen Distanz vermuten könnte. Daß die Strömungsverhältnisse gefährlich sind, haben Schiffer im Laufe der Jahrtausende nur zu oft auf tragische Weise erfahren. Es bleibt nur der Isthmus von Suez, der kein unüberwindliches Hindernis darstellt. Deshalb ist es seltsam, feststellen zu müssen, daß sich Ägypten während seiner ganzen Geschichte viel mehr durch die barbarischen Völker jenseits der Libyschen Wüste bedroht fühlte als durch Eindringlinge aus dem Osten, obwohl diese die viel realere Gefahr verkörperten und obwohl keine der Invasionen, die zu wiederholten Malen über Ägypten hereinbrachen, jemals aus dem Westen kam. Aus ungeklärten Gründen ist die Libysche Wüste sehr alt, viel älter als die Sahara, und muß deshalb schon zu Beginn der Niltalkultur einen natürlichen Schutzwall gebildet haben. Siedler wie Eroberer konnten daher nur aus dem Osten kommen. Waren sie in Ägypten angelangt, blieb ihnen nur die Wahl zwischen zwei Wegen, wenn sie aus irgendwelchen Gründen weiter vordringen wollten oder mußten: der Küstenstreifen am Mittelmeer im Norden oder ganz im Süden die Öffnung, die durch den Borkou mit dem Tschad verbunden ist. Es hat sich denn auch herausgestellt, daß eines der Gebiete, wo sich die mächtige neolithische Bewegung formte, um dann ihre großartige Kultur nach Westen zu tragen, in der Gegend von Khartum lag. Von dort aus fiel es sehr viel leichter, dem zweiten Weg zu folgen. Dies um so mehr, als der Weg über den Küstenstreifen im Norden ein Passieren des damals sicher noch viel sumpfigeren Nildeltas bedeutet hätte.

Wenn es also sicherlich orientalische Einflüsse in Ägypten und während des Neolithikums vor allem in Nubien gab, so wurden diese doch durch die afrikanischen Ureinwohner immer wieder assimiliert, denn es waren stets negroide oder Mischrassen, die den südlichen Teil der Sahara besiedelten.
51 Nur im Norden vollzogen sich die Dinge in verschiedener Weise; zweifel-

51, 52 Die Wüste ist nur für den eben, der sie nicht durchquert hat. Sicher, es gibt riesige Reg, übersät mit von der Sonne geschwärzten Kieseln, aber fast überall erscheint der Fels hart, rauh, oft unbegehbar. Und nichts ist erstaunlicher als die Farbskala, die er uns anbietet, wie das tiefe Blau, das man oben auf der Höhe des Tafilalet im Tassili n'Ajjer, algerische Sahara (51), entdeckt. Doch es ist ein abgebrauchter, zerrütteter Fels, wie es Bild 52 zeigt, auf dem man Kamele sieht, die dem Wadi Djerat (Tassili n'Ajjer, algerische Sahara) entlangziehen.

52

53–56 Der Wadi Mathendous hat sein Bett in die rauhe Landschaft des Messak noir, im Fezzan im Süden Libyens, eingegraben (53). Dem toten, heute von Steinblöcken versperrten Lauf des einstigen Flusses folgend, gelangt man zum berühmten Fundplatz des Elefanten von In Galjeïen: Er befindet sich auf dem Felsen, der den hintersten Teil des Horizontes abschließt. Dieser große Elefant (54) in bestem naturalistischem Stil ist 2,75 Meter lang und verblüfft durch seine genau dargestellte Haltung. Gang und Rüsselstellung zeigen, daß der Künstler, der nur

53

über Steine als Arbeitsgerät verfügte, mit diesen Tieren vertraut gewesen sein muß. Während Elefanten gern dargestellt wurden, sind Gravierungen und Malereien von Krokodilen, deren Knochenreste doch zahlreich vorkommen, sehr selten. Das Mutterkrokodil von In Habeter, Fezzan, Südlibyen (55), mißt 2,25 Meter von der Schnauzenspitze bis zum Schwanzende. Es ist von einem Jungen begleitet. Der Stil ist nicht besonders gut, und das Verhältnis zwischen der Länge der Gliedmaßen und der Körpergröße ist phantastisch, ja die Vorderbeine wirken geradezu anthropomorph.
Strauße gehören zu den häufigsten Tiermotiven. Diese, ebenfalls in In Habeter entdeckt (56), weisen die Besonderheit auf, in einem Kreis dargestellt zu sein. Unten rechts, auf dem Bild nicht sichtbar, gibt es eine menschliche Gestalt. Es handelt sich möglicherweise um ein vom Jäger geleistetes Fanggelübde. Man hätte also eine Art Symbolmagie vor sich. Vielleicht wollte der Urheber auch nur das Gehege abbilden, in dem die Strauße gefangen waren (Kreisdurchmesser: 56 Zentimeter).

57 «Spiralen» gelten als «Zeichen des Wassers» und der Fruchtbarkeit. Diejenigen aus dem Wadi Djerat (im Norden des Tassili n'Ajjer, algerische Sahara) begleiten einen großen Bubalus, dessen Inneres sorgfältig poliert worden war, was dazu beiträgt, ihm eine erstaunliche Wirklichkeitsnähe zu verleihen (Entfernung zwischen den Spitzen der beiden Hörner: 1 Meter). Man beachte, daß die Spiralen, obschon vollendet graviert, jünger sind als der Bubalus, den sie überschneiden.

58 Menschliche Darstellungen, besonders in der Qualität der kleinen, dreißig Zentimeter hohen Gravierung von In Habeter (Wadi Mathendous, Fezzan), sind äußerst selten, vor allem in diesem naturalistischen Stil.

59 Spiralen aus dem Wadi Djerat (Tassili n'Ajjer, algerische Sahara). Ein dekadentes, eher plumpes Werk aus später Zeit. Es zeugt aber davon, daß man sich lange von diesem Motiv hat inspirieren lassen.

60 Die mit tiefem Strich gravierte Giraffe von der Fundstelle In Habeter ist ein Wunder an Feinheit und Genauigkeit. Sie mißt 1,30 Meter von der Spitze des Kopfes bis zum Ende der Gliedmaßen.

61 Die Spiralen, die das gravierte Nashorn aus dem Wadi Djerat (Tassili n'Ajjer, algerische Sahara) begleiten, sind hervorragend ausgeführt, im Stil identisch mit jenen von Bild 57.

62 Der Bubalusjäger aus dem Wadi Djerat (Tassili n'Ajjer) erinnert an ähnliche Darstellungen aus dem noch nicht zur Sahara gehörigen Atlas, sehr weit im Nordwesten. Der mit Federn geschmückte Kopf des Verfolgers läßt auch den Schluß berechtigt erscheinen, die Szene besitze magischen Charakter.

63 Das prächtige kleine Pferd von In Habeter im Wadi Mathendous ist ein gut getroffenes und zugleich poetisches Werk; die Politur des Innern des dargestellten Tieres verleiht dieser Silhouette, die vom Schwanz bis zu den Nüstern 48 Zentimeter mißt, eine erstaunliche Sanftheit.

64 Die beiden «aufgefelderten» Rinder von In Habeter zeugen von der umfassenden Kenntnis, die der Urheber von dieser Tierart haben mußte. Das große Sonnenzeichen links oben ist rein magisch. Vom äußersten Punkt der hinteren Gliedmaßen des Rindes links bis zum oberen Rand des Kreises beträgt die Distanz 1 Meter.

65 Der Hase ist sicher in der Sahara nichts Außerordentliches. Dagegen stellt der gravierte Hase von Tinterhert im Tassili n'Ajjer eine große Seltenheit dar. Dieses bisher unveröffentlichte Dokument mißt vom Kopf bis zur Blume 41 Zentimeter.

66 Graviertes Rind aus Smara (Spanische Sahara). Ohne der Schönheit des Werkes abträglich zu sein, bilden Übertreibung der Linien und Fehler in der Perspektive einen gemeinsamen Zug vieler Gravierungen aus der nördlichen Sahara.

67 Der Maßstab des abgebildeten Bubalus, der aus dem Wadi Mathendous stammt, ergibt sich aus der Distanz zwischen den Spitzen seiner Hörner: 72 Zentimeter. Man beachte den kleinen, älteren (?) Strauß zwischen den Hörnern.

68 Man staunt, wie groß die Genauigkeit bei der Wiedergabe des spezifischen Charakters jedes Tieres war, wenn man dieses schöne Rind von In Habeter, auch im Wadi Mathendous, mit dem Bubalus von Bild 67 vergleicht. Das Rind, das von der Spitze des rechten Horns bis zur Schwanzspitze 80 Zentimeter mißt, ist entschieden besser gestaltet als der ihm zeitlich vorangegangene Büffel.

69 Die liegende Antilope von Tinterhert, Tassili n'Ajjer: Der auf dem vorgestreckten Lauf ruhende Kopf und der gesammelte Ausdruck des Tieres sind ungewöhnlich lebensecht wiedergegeben.

70 Dieses 40 Zentimeter lange Detail zeigt die Maulpartie der großen Kuh von Bild 72.

71 Der Wadi Mathendous (Fezzan) war von Frobenius besucht worden. Er entdeckte dort diese merkwürdigen Tiere und taufte sie «Meerkatzen» (eine Unterordnung der Affenartigen). Die dargestellten langschwänzigen Klettertiere sind jedoch aufgrund ihrer Kopfform eher den Katzenartigen zuzuordnen.

72 Die große Kuh von Tinterhert (Tassili n'Ajjer, algerische Sahara) mißt von der Schwanzspitze bis zum Maul nicht weniger als 5,10 Meter. Die reiche, lockig-spiralige Verzierung des Fells verleiht diesem großartigen Werk, das seiner Zeit weit voraus ist, eine besondere Stellung in der Felskunst der Sahara.

54

55

56

57

58

59

60

61

62

63

64

65

66

68

167

69

70

71

72

73

74

75

76

77

78

73 Detailaufnahme des Felles einer der «Meerkatzen» von Bild 71. Das Fell ist durch eine wunderbar vollendete Polierung wiedergegeben, die die kleine, fein gravierte Gestalt um so stärker hervortreten läßt. Höhe des Tieres: 1 Meter.

74 Der Kopf der Giraffe von In Habeter (26 Zentimeter vom äußersten Punkt des Mauls bis zur Ohrspitze) im Wadi Mathendous (Libyen) zeigt deutlich die vom Künstler angebrachte tiefe Umrißlinie und läßt erahnen, wieviel Arbeitszeit solche mit steinernen Schlaginstrumenten hergestellten Meisterwerke erforderten. Es ist übrigens nicht bekannt, mit was für einem Werkzeug die Umrißlinien der Gravierungen eingeschliffen und poliert wurden.

75 Kopf der großen Kuh von Tinterhert (Tassili n'Ajjer, algerische Sahara) von Bild 72. Dieser Ausschnitt ist 1,55 Meter breit.

76 Katzenartige Raubtiere fehlen in der umfangreichen Bilderwelt der Neolithiker nicht, aber sie sind nie mit der Brillanz ausgeführt, die bei den andern Tieren feststellbar ist. Zeuge ist der Löwe (?) von In Habeter II (88 Zentimeter Gesamtlänge).

77 Während die Katzen schlecht wiedergegeben sind, zeigen die Wüstenfüchse von In Habeter, obschon sie stark schematisiert sind (70 Zentimeter von den Hinterpfoten bis zu den Ohren), einen sehr charakteristischen, beinahe eleganten Ausdruck. Die großen Ohren und die weit geöffneten, den Betrachter fixierenden Augen (die hervorstechendsten Merkmale des Wüstenfuchses) sind vollendet in bildnerische Elemente umgesetzt.

80

81

78 Oft spricht das individuelle Empfinden des Künstlers aus dem Werk. Zeuge ist dieser zweite große Elefant von In Habeter II (vgl. Bild 54), der vom Rüssel bis zum Schwanzansatz 1,40 Meter mißt. Außer dem Eindruck von Stärke strahlt das Tier eine gewisse Angriffslust aus, als hätte der Künstler diese am eigenen Leibe erfahren.

79 Der berühmte Bogenschütze aus dem Wadi Djerat gilt als Beispiel für den libyschen Typus. Man beachte eine gewisse Unbeholfenheit der Zeichnung, an der besonders einige Einzelheiten auffallen: vorab die ungewohnte Haartracht, dann der Gürtel mit Anhang, zu dem eine Peniskapsel gehört (ein «Karnak»), die Übertreibung des Hodenvolumens, zweifellos um die Kraft des Jägers zu bezeugen, und schließlich das mögliche Vorhandensein eines Köchers, dessen unteres Ende hinter der linken Schulter des Bogenschützen hervorschaut. Es steht fest, daß dieser Menschentypus den von ägyptischen Monumenten her bekannten Darstellungen von Libyern, die der Urheber wohl gesehen haben dürfte, nahesteht.

80 Die kleinen Strauße (40 Zentimeter von dem nach vorn gerichteten Lauf bis zur Kopfhöhe), beim Rennen dargestellt, wurden in Tinterhert (Tassili n'Ajjer) aufgenommen. Sie sind vollkommen «stimmig» und zeugen von einer hervorragenden Beobachtungsgabe.

81 Die Rinder von In Debiren (bei Djanet, algerische Sahara) müssen sowohl aufgrund der Schönheit ihrer Linien als der zur Vollkommenheit gebrachten Technik der Eintiefung mit der großen Epoche des Gravierens in Zusammenhang gebracht werden. Die Unterschiede im Farbton des Fells wurden durch Polieren der hellen Stellen wiedergegeben. Ein sehr wichtiges Faktum: Zwischen den Hörnern ist das berühmte Sonnenzeichen zu sehen, von dem man mit guten Gründen annimmt, es sei aus Ägypten entliehen worden. Hier geht es also weniger um Magie als um Kult, wobei dieser sich auf ein Tier bezieht, dessen Bedeutung im Neolithikum sehr groß war und das man fast in der ganzen Weite der Sahara mit dieser Sonnenscheibe zusammen findet. Dieser Scheibe steht bisweilen ein «Adorant» mit erhobenen Händen, in der Haltung der Anrufung (daher der Name), gegenüber. Der Maßstab ist durch den Felsen, der 2,50 Meter breit ist, gegeben.

82–85 Der Bogen ist eine der «revolutionären» Entwicklungen des Neolithikums. Er hatte für seine Besitzer die gleichen Folgen wie die ersten Gewehre. Die Haltung des in Leder gekleideten Bororo-Peul-Jägers (82) zeugt von der Beständigkeit der überlieferten Geste, hält er doch seinen Bogen ganz wie der von Jabbaren, Tassili n'Ajjer (83), der vom Fuß vorne bis zum Kopf 20 Zentimeter mißt. Die Giraffe gehört zur sogenannten Äthiopischen Fauna, zu der unter anderen der Elefant, das Nashorn, das Flußpferd und das Krokodil zählen. In der pflanzenreichen Savanne südlich der Sahara ist sie noch ziemlich häufig. Aber im Neolithikum muß sie besonders verbreitet gewesen sein, denn man hat sie überall und in allen Epochen abgebildet. Die Kunstfertigkeit der großen Tiergraveure der naturalistischen Periode wird durch die erstaunliche Genauigkeit des Kopfes von Tin Smad, im Wadi Djerat, Tassili n'Ajjer (84), unterstrichen (30 Zentimeter vom linken Ohr bis zum Maul). Wenn man sie mit der heutigen Giraffe *(Girafa cameleopardis)* vergleicht, beeindruckt vor allem die anatomische Genauigkeit der Wiedergabe.

86–89 Das Flußpferd *(Hippopotamus amphibius)* wurde von den Neolithikern, die ebensosehr sein Knochengerüst und seine Haut für Geräte wie sein Fleisch geschätzt zu haben scheinen, eifrig gejagt. Dieses am Niger photographierte Tier (86) muß mit seinem prähistorischen Ebenbild vom Fundort In Habeter II (87) verglichen werden, das zu hoch oben in eine Felswand graviert ist, als daß man es hätte messen können. Für die Rinder von In Habeter II (88) gilt angesichts ihrer modernen Nachfahren bei den Bororo aus dem Niger das gleiche: die Ähnlichkeit spricht für sich selbst.

82

83

los deshalb, weil das Mittelmeergebiet eine klimatische Einheit darstellt. Die seltsamen neolithischen Menschen des Capsien-Kulturkreises (nach dem tunesischen Fundort Gafsa oder Qafsah, früher Capsa) jedoch, viel weniger durch Schwarzafrika beeinflußt, waren keine echten Eroberer. Zwar folgten sie den Flußläufen von den Seen am Fuß des Atlas aus, gingen aber nicht über die Quellen hinaus und erreichten sie oft nicht einmal. Als seltsam dürfen sie deshalb bezeichnet werden, als sie anscheinend ausschließlich von Schnecken gelebt haben.

Im wesentlichen haben sich zwei ethnische Gruppen ziemlich tief in der Sahara festgesetzt: im Norden ein etwas schwierig zu bestimmender Typus mit mediterranem und cromagnoidem Charakter; im Süden eine schwarzhäutige, mehr oder weniger negroide Gruppe, die durch die fortdauernde afrikanische Beeinflussung stets ethnischen Schwankungen unterworfen blieb. Dieser letzten Gruppe ist vor allem der erstaunliche Aufschwung der Kunst zuzuschreiben, deren Zeugnis sich auf so vielen Felswänden findet und die in ihrer genialen Behandlung von Linie und Farbe beispielsweise im Fruchtbaren Halbmond – trotz seiner hochentwickelten Kultur – nicht ihresgleichen findet.

Wahrscheinlich wegen der leichten Zeitverschiebung zwischen der Ankunft der Neolithiker des sudanesischen Kulturkreises (jener, die aus der Gegend von Khartum kamen) und der von Norden vordringenden Capsien-Leute lassen sich keine eigentlichen Vermischungen zwischen den beiden Völkerschaften feststellen.

Nach dem heutigen Stand unserer Kenntnisse hat die Wanderung aus dem Sudan zuerst eingesetzt. Sie verlief quer zur südlichen Sahara, von Osten nach Westen und im wesentlichen der Linie der großen Seen zwischen dem Tschad und dem Aouker in Mauretanien entlang, wobei sie in mehreren Wellen erfolgt sein muß (vgl. Karte Seite 68). Dies muß fast als organisierte Pionierleistung angesehen werden, denn es wurden Gebiete besiedelt, wo niemand zuvor sich niederzulassen gedacht hatte. Fest steht, daß sehr früh eine gewisse Isolierung der einzelnen Regionen eingesetzt hatte. Zwar bewahrten zum Beispiel die durch gemeinsamen kulturellen Ursprung verbundenen Industrien trotz örtlicher Trennung dieselben Ornamentformen für ihre Keramik, entwickelten aber grundlegend verschiedene technische Vorstellungen bei der Fertigung von Arbeitsgeräten und Waffen. Ebenso schnell bildeten sich soziale Strukturen aus. Am Wadi Eched, in Mali, kann bei den freigelegten Siedlungen anhand der zahlreichen Brennöfen das Quartier der Töpfer ausgemacht werden, ebenso jene der Beil- oder Karneolperlen-Hersteller an den Überresten ihrer Produktion. Zum erstenmal war also eine Vorstellung der Arbeitsteilung aufgetreten, die vielleicht auf erste Formen von Tauschhandel schließen läßt (was aber Vermutung bleiben muß). Auf jeden Fall macht in der Jungsteinzeit die Horde, in der jeder für sich selbst zu sorgen hatte, der mehr und mehr sich herausbildenden Sippe Platz, in der nun spezialisierte Handwerker den gemeinsamen Bedarf mit selbst hergestellten, immer mehr vervollkommneten Produkten deckten.

Der Zusammenzug bestimmter Handwerker an bestimmten Orten bewirkte ganz von selbst so etwas wie den Anfang einer dörflichen Siedlung, ohne in der ersten Zeit gesellschaftliche Normen zu prägen.

84

85

86

87

88

89

90

Es erstaunt trotzdem, wie gewisse traditionelle Verhaltensformen dem starken Druck neuer Kräfte, die auf die Horde einwirkten, um sie in eine echte Gesellschaft zu verwandeln, widerstanden und kaum verändert erhalten blieben. So findet sich etwa das Wellenmotiv *(wavy line)*, das der Engländer Arkell bei der sehr alten neolithischen Keramik von Khartum, am Nil, identifiziert hatte und das hervorragend die plätschernden Wellen des Flusses verbildlicht, über die ganze Sahara hinweg bis tief in den Westen. Kaum verändert findet man es auch in Méniet, im Hoggar und selbst noch an den Grenzen Mauretaniens. In ähnlicher Weise kamen typisch zentralafrikanische Motive auf Stickereien über die Regenwälder hinweg fast bis nach Dakar.

Jede dieser Ornamentformen, selbst wenn sich ihr tieferer Sinn im Lauf der Zeit verlor, besitzt einen besonderen Bedeutungsgehalt. Die Tatsache, daß das Wellenmotiv an den Ufern eines Flusses entstand und sich über die Flüsse zu Seen und von Seen wieder Flüssen entlang bis zum fernen Atlantik verbreitete, stimmt nachdenklich. Das den Töpfern von Khartum teure Motiv wird zum Ideogramm, das wir auch ungefähr entziffern können. Aber viele andere, weniger ursprüngliche Formen werden ihr Geheimnis nie preisgeben. Das einzige, was wir mit Sicherheit wissen, ist, daß der rituelle Gehalt diese Symbole vor dem Verschwinden bewahrte. Sie wurden schließlich zum Siegel eines Volkes, zu einer Schrift vor Erfindung der Schriftzeichen. Nun liegt es an uns, daran die Veränderungen abzulesen, die mit dem Lauf der Zeit nicht ausbleiben konnten.

Wenn auch ursprünglich die Vervollkommnung der Formen allein den Forderungen der Nützlichkeit und des Zweckes entsprach, so entwickelte sich doch sehr bald ein bewußtes Verlangen nach weniger zweckgebundenen Formvariationen, so daß ein Gegenstand nicht mehr allein aus seiner praktischen Bedeutung erklärt werden kann. Die Technik unterwirft sich nach und nach der Phantasie des Künstlers. Man ist versucht, an diesem Punkt von der zweckfreien Vorstellung des *l'art pour l'art* zu sprechen. Gleichwohl liegt es näher, diese über bloße Funktionalität hinausreichenden Formen als ein mehr oder weniger geschicktes Einbeziehen von Symbolik, von Magie, in das Objekt zu betrachten, Zeugnis eines Glaubens an geheimnisvolle Kräfte, die unter anderem die ersten Beweise für das Entstehen eines religiösen Gefühls sind. Es sind übrigens immer Frauen, die in den Oasen

90 Jagdszene im Malstil der guten Rinderzeit. Dieses Bild stammt vom Fundplatz von Séfar. Das Übereinander mehrerer Lagen von Malereien hindert nicht daran, den aussergewöhnlichen Eindruck von Beweguug zu bewundern, den die Jäger hervorrufen, die Mähnenspringer (Gattung *Ammotragus*, ein dem Mufflon ähnelndes Wildschaf) verfolgen (der Bogenschütze oben links ist 15 Zentimeter hoch).

91 Einbaum, das heißt aus einem einzigen Baumstamm gehöhltes Boot, vom Chari. Wir verfügen über keinerlei Beweise, daß diese Art von Boot in der jungsteinzeitlichen Sahara existiert hätte. Doch zeigt die Haltung der Fahrer dieser Piroge, daß die Geste des Mannes, der sich auf seine Stange stützt, um sein Schiff vorwärtszubringen, die gleiche ist wie die seiner prähistorischen Vorgänger. Offensichtlich muß man den Ursprung des Bootes auf dem Felsbild (92) in Ägypten suchen, da es dem nilotischen Typus entspricht.

92 Die Malerei von Tin Tazarift (Tassili n'Ajjer) zeigt Ähnlichkeiten mit noch heute verwendeten Booten aus Papyrus oder andern Rohrarten (Schilf, Binsen usw.), wobei die Form durch die materialspezifische Bauweise bedingt ist, bei der einzelne Rohrbündel zum ganzen Fahrzeug zusammengefügt werden. Beispiele sind die *kadei* der Fischer am Tschadsee, die Schilfboote des Titicacasees, vor allem aber der ägyptische Typus, dessen Heck und Bug hochgezogen sind, was dem Boot das Profil des zunehmenden Mondes verleiht (85 Zentimeter von Bug zu Heck in gerader Linie).

91

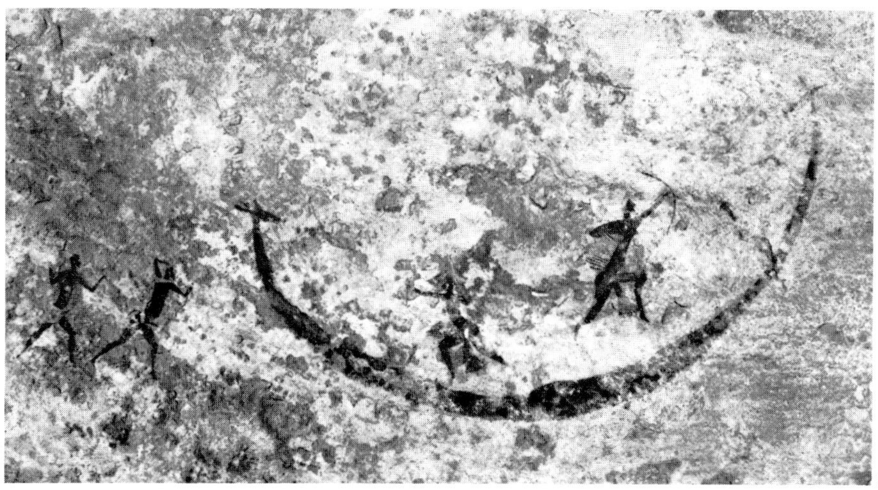

92

93, 94 Dieser Elefant aus Smara in der Spanischen Sahara (93) ist ungefähr 35 Zentimeter hoch. Obschon sehr stilisiert, bleibt er ziemlich wirklichkeitsnahe. Er weist den gleichen Stil auf wie das Rind auf Bild 66, verblaßt allerdings vor der prachtvollen Malerei des Fadnoun, Tassili n'Ajjer (94), die um vieles genauer und lebendiger ist (vom Rüssel bis zum Schwanz 37 Zentimeter).

95 Die Jagdszene von Jabbaren ist nicht mehr mit der Genauigkeit der Malereien aus der großen Epoche behandelt worden. Vom Ellbogen der menschlichen Gestalt links bis

93

94

zum Maul des Tieres (möglicherweise einer Oryxantilope) mißt die Darstellung 80 Zentimeter. Aber die Haltungen sind steif, die Proportionen des Tieres übertrieben. Immerhin vermittelt der Hund der Szene einen vertrauten Charakter. Ockermalerei.

96 Der Bogenschütze von Uan Amil I im Tadrart Acacous (Libyen) stellt trotz der geringen Dimensionen (Höhe 23 Zentimeter) einen ausgeprägten, differenzierten Menschentyp dar. Da ist einmal die Magerkeit der sehr langgezogenen Gliedmaßen, dann die bemerkenswerte Vielfalt der Züge. Die

das Tongeschirr herstellen. Möglicherweise hat diese Tatsache gleichfalls einen magischen Grund, der seit dem Neolithikum von der Mutter auf die Tochter weitergegeben wurde. Magisches ist in der Sahara allgegenwärtig und immer wieder zu beobachten. So findet man überall Miniaturbeile, die in einigen Exemplaren zu wahrhaften Kleinodien wurden, hergestellt aus weißem Sandstein mit manganvioletten Tupfen, und die kaum einen anderen als Votivcharakter hatten. Wie wäre sonst zu erklären, daß ihre Schneiden stets unbeschädigt sind? Zu was dienten außerdem die in den jungsteinzeitlichen Fundstätten so zahlreichen Gehänge? Warum hat das eine die Form eines Schleiereulenkopfes? Warum schließlich ist der kleine, phallusartig geformte Stein von Aoulef mit einer Aufhängeöse versehen? Für den primitiven Menschen war alles von Magie erfüllt. Die Dinge waren davon durchdrungen, hatten ein Eigenleben und einen geheimen Sinn. Nebenbei bemerkt: Dies als Aberglauben abzutun ist gerade heute um so lächerlicher, wenn man die verblüffenden Umsatzzahlen moderner Hellseher und Wahrsager kennt und weiß, daß sich ihre Kunden selbst in Regierungskreisen finden.

Der Ursprung magischer Zeichen bleibt den meisten verborgen. Das folgende Beispiel ist in dieser Beziehung besonders bemerkenswert: Es handelt sich um das berühmte Zeichen der Tanit, Stadtgöttin Karthagos und eine der Verkörperungen der semitischen Astarte. Auf Darstellungen trägt sie auf dem Kopf eine Sonnenscheibe zwischen zwei Hörnern. Diese Scheibe hatte die Form eines durch einen Strich geteilten Ovals. Mit den beiden gebrochenen symmetrischen Linien, die von jeder Seite ausgingen, war sie ein unzweideutiges Symbol des weiblichen Geschlechts. Wir sahen dieses Zeichen in Fezzan über Türen eingraviert. Und man kann ohne Schwierigkeiten die langsame Abwandlung dieses Symbols verfolgen, bis es schließlich zum sogenannten Kreuz von Agadez, von Iférouane oder anderen Orten wird. Fragt man indessen die Schmiede, die sie noch herstellen, zeigt sich ihre völlige Unwissenheit über den Ursprung des Zeichens sofort. Und wegen des europäischen Einflusses wird auch die Bedeutung dieses Kreuzes bald einmal in Vergessenheit geraten.

Gleiches trifft auf die Kaurimuschel zu. Sie wird seit der Jungsteinzeit als Zahlungsmittel, als Schmuckelement oder als Zaubergegenstand verwendet. Und auch hier ist die Form eindeutig Symbol des weiblichen Geschlechtsteils. Die Kaurimuschel war jedoch so verbreitet, daß sie auch ohne Hintergedanken als Schmuck getragen werden konnte. Wie wichtig das Geschlecht als eines der tragenden Elemente innerhalb der afrikanischen Magie ist, wird noch aufzuzeigen sein. Wenn es in der Sahara eine solche Bedeutung erlangte, dann deshalb, weil es die Fruchtbarkeit in einer Zeit beschwört, in der die Trockenheit alles Lebende in der Sahara mit der Vernichtung zu bedrohen beginnt. Die Verwendung geschlechtlicher Symbole im Bereich der Magie hat mit augenscheinlich ähnlichen Erscheinungsformen der Pornographie nichts zu tun. Doch noch wichtiger und beherrschender als Fruchtbarkeit wird das Wasser, und der vor einem Betenden urinierende Widder scheint uns ein bewegendes Symbol der angerufenen Trilogie von Geschlecht, Wasser und Fruchtbarkeit.

Diesen Symbolen werden wir auf unserer Reise durch die Bilderwelt der Sahara auf Schritt und Tritt begegnen. Sie enthalten verschlüsselte Bot-

95

96

97

98

schaften, die wir nicht mehr verstehen. Doch scheint festzustehen, daß sie in ganz entscheidendem Maße von den frühesten Riten der Nilkultur geprägt wurden.

Die Kräfte, die gegen Unfruchtbarkeit angerufen wurden, haben die Zeit überdauert. Sie sind beispielsweise noch heute in den Zeremonien gegenwärtig, die in bestimmten Oasen die Befruchtung von Dattelpalmen begleiten. Sie haben die vergessenen Kulte bestimmt, die noch im Glauben und in den Legenden der Peul-Hirten nachklingen. Denn Afrika, und damit die Sahara, ist der Kontinent einer kontinuierlich tradierten Botschaft, die immer wieder aufgenommen und niemals vergessen wurde, selbst wenn das Wissen um ihren Ursprung verlorenging.

Der Westen glaubte lange, den Afrikanern *die* Zivilisation gebracht zu haben. In Wahrheit zwang er ihnen nur eine *andere* Zivilisation auf. Eine sehr verschiedene Zivilisation, die gewiß reicher in den materiellen Möglichkeiten, aber ärmer in der Tiefenwirkung ist. In der Sahara erscheinen, verschwinden und kommen Dinge wieder. Sie sind niemals vollständig ausgelöscht, außer für den Abendländer, der fast völlig verlernt hat, aus kaum wahrnehmbaren Zeichen zu lesen und diese durch die Erfahrung der Einsamkeit in sich aufzunehmen. Das Fremdartige zu lieben und vom Pittoresken fasziniert zu sein reicht kaum aus, um den religiösen Sinngehalt der Wüste zu begreifen und zu erleben. Und in einem Land, wo sich die Distanzen noch immer nach Kameltagen bemessen, gewinnt manches Dimensionen, die technisches Knowhow und westliches Denken nicht zu erfassen vermögen.

Ein gangbarer Weg zum Verständnis der jungsteinzeitlichen Sahara wäre, das harte, einfache Leben jener wieder zu leben, die von den Nomaden in poetischer Umschreibung «Menschen des Morgens» genannt werden. Es wäre eine Reise zu den Quellen des Lebens, zu Menschen, die einfach genug sind, uns zu verzaubern, und intelligent genug, uns staunen zu lassen.

schwer zu beschreibende Haartracht steht über einem langen, knochigen, «äthiopischen» Gesicht. Die Kleidung mag aus zwei Stücken bestehen, wobei es sich beim einen um eine Art von durchsichtigem Maschenstoff handelt.

97 Recht oft sind die Malereien von treffender Lebendigkeit, wie bei dem schönen Bogenschützen von Séfar (26 Zentimeter vom Scheitel bis zur Grundlinie der Füße; dunkelroter Ocker). Es handelt sich sicherlich um einen Schwarzen: die Muskulatur der Schenkel und der Schultern ist hervorragend herausgearbeitet, die Brustmuskeln sind kräftig, die Füße groß.

98, 99 Diese Landschaft in der Gegend von Teshuinat, im Tadrart Acacous (Libyen), zeigt uns, ein wenig links der Mitte, den Eingang der Höhle von Uan Amil I (98). Kein Wasser mehr, kein Leben, ein schwer lastendes Schweigen. Und doch haben hier Menschen gelebt und gedacht. Wild gab es im Überfluß, die Quelle war nahe, die Kräuter drängten sich am Ufer der Seen ... Und dann nichts mehr: der allzu gründliche Sieg der Wüste.
Doch dem Wasser nach gegen Süden ziehend, haben die Peul Traditionen mitgenommen, die die Zeit nicht verändert hat. Diese Haarpflegesitzung bei den Bororo-Peul (99) ist am Brunnen von Ekisman zwischen Tahoua und In-Gall (Niger) aufgenommen worden; wir werden sie, vollständig wiedergegeben, in der obenerwähnten Höhle von Uan Amil wiederfinden.

Die jungsteinzeitlichen Menschen

Im bisher Dargelegten hat sich langsam das Bild einer fruchtbaren Sahara entfaltet, reicher an Humus wie an Leben. Und inmitten einer reichen Flora und Fauna ist der Mensch. Er ist zwar Jäger, aber ebenso über die Samenkörner unterrichtet, aus denen er eine Art Mehl herstellen kann. Er kennt die Nutzpflanzen: jene mit Heilwirkung oder hohem Nährgehalt und andere, aus denen man kostbares Salz, Farbstoff oder Gifte gewinnt. Die Felsbilder zeigen, daß er in späterer Zeit zwar vor allem Hirte war, daß aber seine Kenntnisse weit darüber hinaus reichten. Er war Schiffer wie die Fischer des Niger, des Chari oder Tschad, die noch immer das archaische *kadei* (ein aus Schilfgarben gefertigtes Fischerboot) benutzen, dessen Bauweise von den Papyrusbooten des alten Ägypten herrührt. Er benutzte Harpunen zum Fischfang, blieb aber trotz dieser neuen Technik den Angeln aus

99

100

100 Recht oft finden wir in der vertrauten Bilderwelt der Maler Szenen, bei denen unser Geist zwischen Magischem und Alltäglichem nicht recht zu unterscheiden vermag, wie bei der Gestalt in der Mitte, von der man annehmen kann, sie stelle einen König oder einen Zauberer dar . . . (Höhe 13 Zentimeter).

101 Die Höhle von Uan Amil I hat uns dieses hübsche, in rotem Ocker gehaltene Fresko bewahrt, das es uns ermöglicht, am Alltag der jungsteinzeitlichen Menschen teilzunehmen (Größe der stehenden Gestalt oben links: 20 Zentimeter). Die verschleierte Person oben links stellt möglicherweise eine Frau bei der Toilette dar, die übrigen häuslichen Szenen geben jedenfalls einigen Grund zu dieser Annahme. Man beachte die «phrygische» Haartracht der sechs leicht bekleideten Personen. Die Frisierszene erscheint sehr wirklichkeitsnah, wenn man sie mit Bild 99 vergleicht. Der Behälter zwischen den beiden Figuren mag Öl enthalten. Der Mann genau unter dieser Darstellung hat seinen Bogen neben sich gelegt und prüft seine Pfeile.

102–105 «Die Ruhepause» könnte der Titel des Freskos von Ozanéaré (Tassili n'Ajjer) lauten (102), das von der Fußspitze der Frau links bis zum Rücken derjenigen rechts 73 Zentimeter mißt und in dunklem Ocker ausgeführt ist. Die Körperformen lassen an Frauen schwarzer Rasse denken, wie die Tänzerinnen von Jabbaren (103), bei denen man die hohe Haartracht und die Schönheit der Bewegungen beachten sollte. Die Figur ganz links ist 21 Zentimeter hoch. Das Paar von Séfar, ebenfalls in dunklem Ocker gemalt (104), zeigt einen Unterschied in der Statur und der Farbe der beiden Personen, möglicherweise, weil man den Geschlechtsdimorphismus unterstreichen wollte oder weil der Mann rechts die bedeutendere Persönlichkeit war. Sicher sind es Schwarze. Die Malerei auf Bild 105 schließlich, ebenfalls von Uan Amil I (Größe der in der Mitte stehenden Gestalt 18 Zentimeter), zeigt oben links wahrscheinlich eine wichtige Persönlichkeit (einen Häuptling oder Zauberer) unter einem Baldachin, die von ihrem Gefolge umgeben ist.

Die Migrationswege in der jungsteinzeitlichen Sahara

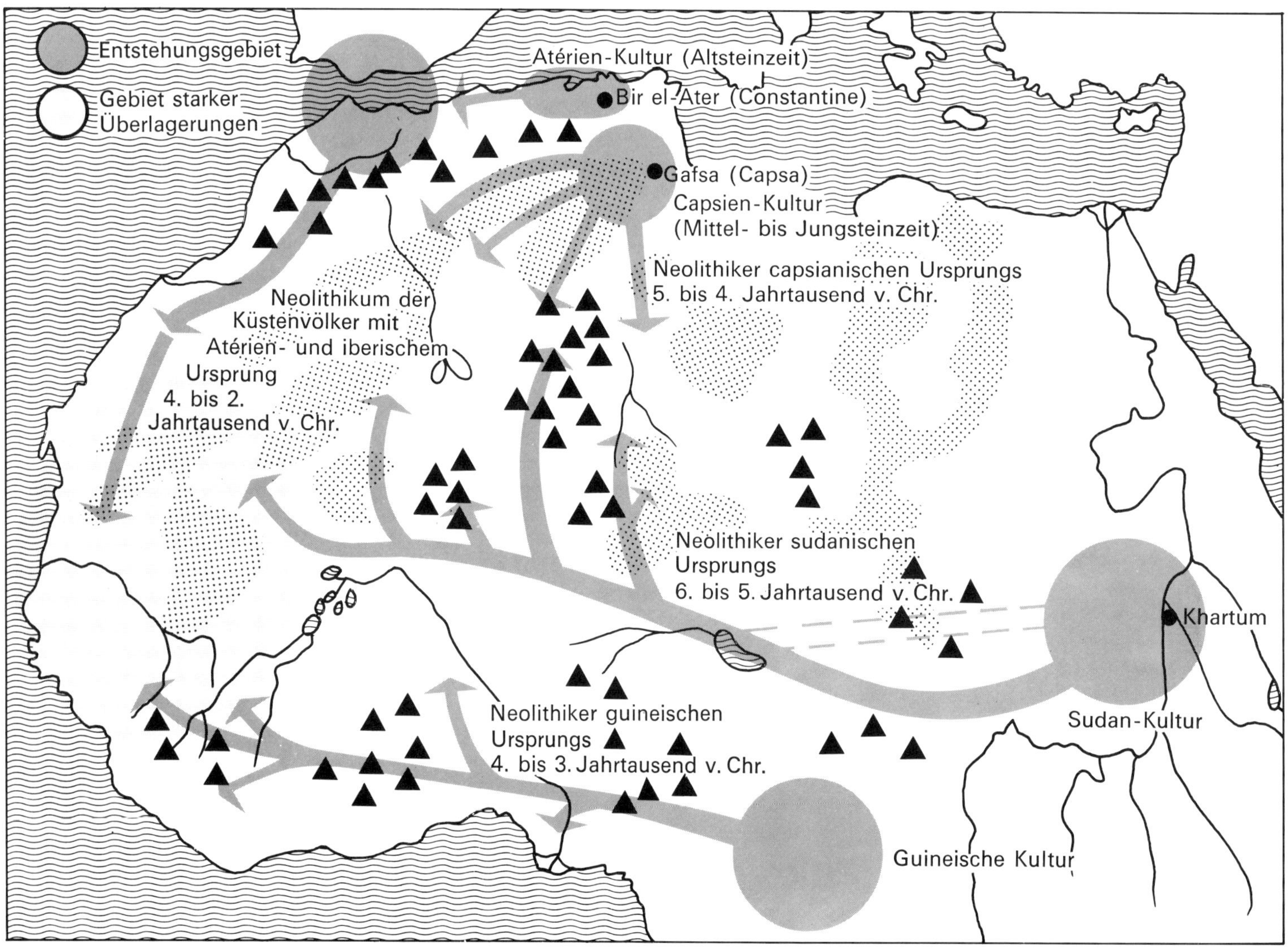

101

102

103

104

105

106

Elfenbein oder Holz treu, vielleicht in Erinnerung an die Gewohnheiten seiner Vorfahren im Sudan. An andern Orten wieder war er vorwiegend Jäger und Hirte. Möglicherweise begeisterte schon er sich an Wagenrennen, denn warum sonst fände sich dieses Thema so oft auf Felsbildern wieder? Doch wann? Und wie? Fragen, die die Forschung noch nicht zu beantworten weiß. Nie aber sieht man ihn die Erde umgraben, ein in der ägyptischen Ikonographie häufiges Motiv. (Zwar gibt es einige wenige Felsbilder, bei denen eine solche Deutung möglich wäre, doch ist sie nie schlüssig zu beweisen.) Was er auch gewesen sein mag, ob Jäger, Sammler, Fischer oder selbst Wagenführer, die schwierigeren, Geduld erfordernden Arbeiten des Ackerbaus scheinen ihm gleichgültig geblieben zu sein. Diese Gleichgültigkeit mag darin begründet sein, daß eine fruchtbare Erde seinen Speisezettel mit Wildfrüchten, -gemüse, Samen und Wurzeln überschüttete. Er hatte sich damit nicht mehr zu beschäftigen, als die letzten modernen Vertreter steinzeitlicher Kulturformen dies tun. Und wer sah je einen Targui seinen Garten bestellen?

Dieser kurze Abriß des jungsteinzeitlichen Lebens soll uns jedoch nicht von der wesentlichen Frage — jener nach dem Ursprung dieser Menschen nämlich – ablenken, indem er uns einen afrikanischen Garten Eden vorgaukelt. Woher also kamen die «Keramiker»? Was bewog sie zu so umfangreichen und ausgedehnten Wanderungen.

Fest steht, daß mehrere Menschengruppen mit unterschiedlichen Kulturen in aufeinanderfolgenden Wellen ihren Lebensraum verlagerten. Der Weg einiger dieser Gruppen ist durch Funde eindeutig belegt. Dies trifft jedoch für die Gesamtheit der Migrationen keineswegs zu. Und zu diesen Lücken auf der Karte der Wanderungen gesellt sich eine weitere Schwierigkeit: Man datierte diese Migrationswellen nach den ersten Messungen der Radiokarbonmethode, was für die Anfänge der Jungsteinzeit in der Sahara einen Zeitraum zwischen dem 5. und 4. Jahrtausend v. Chr. ergab. Dies war weder mit der nordafrikanischen Chronologie noch der sakrosankten des Mittleren Ostens unvereinbar, die ein- für allemal zur Wiege der jungsteinzeitlichen Revolution erklärt worden war – dies um so weniger, als man die Sahara zu dieser Zeit sowieso nur von entfernten Vettern des Neandertalers besiedelt glaubte. Wenn nun auch tatsächlich anhand der Radiokarbonmessungen eine gewisse kulturelle Verspätung angenommen werden muß, so machten es doch neuere Datierungen und besonders die jüngsten Beobachtungen nötig, den Zeitpunkt des ersten «Vorstoßes gegen Westen» beträchtlich früher anzusetzen, mindestens zwischen dem 6. und 5. Jahrtausend. Es wäre jedoch sehr gut möglich – sollten Ausgrabungen im Tibesti, dessen geographische Lage es zu einer wichtigen Station zwischen der nubisch-sudanesischen Region und Westafrika macht, verwirklicht werden können –, daß dieses Datum noch weiter zurückverlegt werden müßte. Woher aber kamen die Eindringlinge dieser ersten «Welle»?

In einer Reihe bemerkenswerter Arbeiten hat der Engländer Arkell die Verwandtschaft der Niltalkulturen von Khartum und Es-Schaheinab nachgewiesen; beide scheinen durch Gemeinsamkeiten eng verbunden gewesen zu sein. Allerdings ordnete er – getreu der Devise, daß für eine jungstein-

107

108

106 Diese sehr schöne Szene mit einer reich geschmückten Person (rechts), der von einem Krieger (Höhe 16 Zentimeter) gehuldigt wird, stammt aus der Höhle Uan Amil I. Man hat in diesem Fresko ägyptische Einflüsse sehen wollen, aber sie sind nicht eindeutig nachgewiesen (Tadrart Acacous, Libyen).

107, 108 Die zweiköpfige Kuh von Séfar (107), in braunem Ocker gemalt, ist 32 Zentimeter lang. Sie steht in merkwürdigem Gegensatz zu zwei gravierten Kühen im Wadi Mathendous (108). Die neolithischen Menschen müssen von Mißgeburten, wie sie immer wieder auftreten, stark beeindruckt worden sein, haben sie aber selten dargestellt und dabei die Eigenheiten übertrieben, denn Mißgeburten dieser Form sind eine anatomische Unmöglichkeit. Doch schon ein Kalb mit zwei Köpfen mag den Anstoß gegeben haben, von den vertrauten Formen der Tierwelt abzuweichen, und nichts besagt, daß diesen zwei Werken von ihren Herstellern nicht magischer Charakter zugeschrieben worden war und daß ihnen eine beschwörende Funktion zukam (Distanz von Schwanzspitze zu Schwanzspitze: 62 Zentimeter).

109

109 Das Objektiv hat das biblisch anmutende Bild der zum Brunnen von Ekisman (Niger) reitenden Bozo erfaßt. Man hat oft übersehen, daß das Rind auch als Tragtier diente und als solches in der Zivilisation der Sahara eine große Rolle spielte.

110 Die Herde von Ti-n-Aguish (Tadrart Acacous, Libyen; die abgebildete Wand ist 65 Zentimeter breit), obschon überlagert von Rindern in einem sehr dekadenten und viel jüngeren Stil, bietet uns prächtige Beispiele der großen «Rinderkunst», die den Höhepunkt der Felsmalerei nicht nur in der Sahara, sondern in Afrika überhaupt darstellt.

111 Das Detail aus der Höhle von Uan Amil I (47 Zentimeter vom Maul der einen Kuh bis zu dem der andern) offenbart den genauen Charakter dieser Tierkunst, die nicht mehr übertroffen wurde. Man beachte in der Mitte, im Hintergrund, das Lastrind mit seiner Bürde. Diese Transportart ist also sehr alt, setzt man das gleichzeitige Neolithikum doch durchschnittlich mit 4000 bis 3500 v. Chr. an.

112 Das Rind vom Fundplatz 10 im Enneri Blaka ist bisher noch nie veröffentlicht worden und weist die Besonderheit auf, einen Reiter zu tragen, der es an einem an nicht deutlich sichtbarer Stelle am Kopf befestigten Strick führt. Obschon dekadent, stammt diese Zeichnung doch aus einer Zeit, in welcher der Enneri Blaka, heute eine unwirtliche Wüste, noch die Zucht von Großvieh erlaubte.

zeitliche Kultur das Kriterium der dörflichen Gemeinschaft erfüllt sein muß – die Kultur von Khartum dem Mesolithikum (der Epoche, die zeitlich dem Neolithikum unmittelbar vorausgeht) zu, und zwar mit der Begründung, daß diese Handwerker noch keine dörfliche Siedlungsweise gekannt hätten. Die Leute von Es-Schaheinab hingegen wurden mit dem gegenteiligen Argument in den beneidenswerten Rang von Menschen des Neolithikums erhoben. In Wirklichkeit steht einzig fest, daß man bei der Kultur von Khartum keine Spuren von Dörfern gefunden hat, womit noch lange nicht bewiesen ist, daß es keine gab! Wie dem auch sei, als «Leitfossil» für seine Arbeiten wählte Arkell die bereits erwähnte «Wellenkeramik», wobei er dieses Motiv, das sicherlich von den Wellen des Nils inspiriert worden war, in Varianten vorfand, einmal mit durchlaufenden Linien *(wavy line)*, bei anderen punktiert *(dotted wavy line)*. Die Entstehungsdaten, die er diesen Sammlungen zuschrieb, wurden seither angezweifelt, und es fehlt hier der Platz, auf diese Problematik einzugehen. Wichtig für unser Thema ist, daß alle Varianten des Wellenmotivs eine Einheit bilden, die – wo immer man sie findet – leicht erkennbar ist.

1957 förderten denn auch systematische Ausgrabungen in der Zentralsahara – im Immidir – und im Gebiet von Méniet, auf der Piste von In Salah nach Tamanrasset, wichtiges neolithisches Material zutage. Verblüffend war dabei die weitgehende Übereinstimmung der meisten Keramikfunde mit denen von Schaheinab. Nun sind aber Méniet im Hoggar und Khartum und Schaheinab am Nil über dreitausend Kilometer voneinander entfernt, und dennoch gibt es keinen Zweifel: Die drei Kulturen sind untereinander durch eine sehr reiche Tradition und keinesfalls nur durch vage Einflüsse oder Ähnlichkeiten verbunden. So wird man kaum am Zugeständnis vorbeikommen, daß eine Wanderung vom heutigen Sudan aus gegen Westen stattgefunden hat und daß es also, sofern die Entdeckung von 1957 einen Sinn haben soll, entlang dieser Wanderroute unzweideutige Spuren der Auswanderer geben muß. Trotz der beinahe unvorstellbaren Dimensionen dieses Gebietes, das für einen einzelnen kaum in seiner Ganzheit zu erforschen wäre, gibt es doch genügend Beweise, um mit einiger Gewähr behaupten zu können, daß die erste Migrationswelle in Richtung Atlantischer Ozean führte. Diese nach ihrem Ausgangspunkt «Neolithiker mit sudanesischem Ursprung» genannten Menschen folgten dem heute verschwundenen Wasserweg, der dem Bahr el-Ghazal entlang nach Westen führte. Hierzu muß man sich vergegenwärtigen, daß die Niloten in dieser Region mit dem Wasser vertraut waren und alle seine Vorteile zu nutzen wußten. Daß sie zudem und notwendigerweise ausgezeichnete Jäger waren, mindert den Wert dieser erstaunlichen Tatsache keineswegs. Deshalb findet man in den besiedelten Landschaften von In Guezzam, Méniet, am Tilemsi usw. so oft Harpunen oder Angeln aus Knochen oder selbst aus Elfenbein, die bestätigen, daß die Auswanderer den Fischfang nach Westen brachten.

Es wäre allerdings eine unzulässige Verallgemeinerung, daraus schließen zu wollen, die heutigen Peul, deren Siedlungsgebiet sich mit einem Teil desjenigen der Neolithiker sudanesischen Ursprungs deckt, seien die *direkten* Abkömmlinge jener archaischen Völker. Außer der mangelnden Kenntnis im allgemeinen gebieten einige bestimmte Gründe Vorsicht: Die Sahara östlich der Zentralgebirge hat das Geheimnis ihrer Besiedlung noch nicht

110

111

112

preisgegeben. Die Tubu oder Tibbu sind sicherlich die Überreste eines archaischen Volkes, doch vermag keine der anthropologischen Studien, über die der Amerikaner L. C. Briggs einen ausgezeichneten Überblick gab, das Rätsel zu lösen, wieso sie sich in das heutige Tibesti zurückzogen, wo sie den Ton angeben. Für die Peul wie die Tubu und alle andern Völker dieser Regionen stellt sich weiterhin die Frage: «Woher kommen sie? Wie entstanden sie?» Darauf wird es erst eine Antwort geben, wenn die Grabungen der Paläontologen zahlreichere und vor allem brauchbarere Skelette geliefert haben werden, als es die spärlichen Überreste sind, auf die sich die Forschung heute stützt.

Wie dem auch sei, man muß annehmen, daß die von der Anthropologie nachgewiesenen negroiden Rassen sich irgendwo in Ostafrika, zwischen Nubien und Abessinien, bildeten. Sie gingen wahrscheinlich aus einem Gemisch von Stammafrikanern, bereits ansässigen oder solchen, die aus dem Süden kamen, und asiatischen Einwanderern hervor. Dieser asiatische Einfluß erstreckte sich über eine ungeheure Zeitspanne, und sein letztes, bereits längst historisches Zeugnis sollten die arabischen Invasionen Nordafrikas im 7. und 11. Jahrhundert sein.

Die neolithischen Menschen gehören jedoch keineswegs notwendigerweise einer einzigen Rasse an. Die Verschiedenartigkeit der Gattung Mensch ist schon vor der Jungsteinzeit verwirrend, und die heutige Völkervielfalt scheint eine seit dem Auftreten des Homo sapiens unveränderte Tatsache zu spiegeln. Dem entspricht übrigens der Eindruck, den man aus eingehenden Vergleichen der Kulturzeugnisse der südlichen Sahara empfängt. Der Mischcharakter der mittelmeerischen «Neolithiker capsianischen Ursprungs» zeigt, daß sie vor langer Zeit einen typisch afrikanischen Rassenbestandteil assimilierten. Sie folgten vom heutigen Maghreb aus den Wegen, die schon ihre Vorfahren, die Capsien-Leute, furchtsam beschritten hatten: Im Süden des Sahara-Atlas stiegen sie zu den Quellen der Flüsse und Ströme empor, die die großen Seen im Norden speisten, und erreichten ungefähr den Norden des heutigen Mauretaniens, das im wesentlichen schon durch die erste sudanesische Einwanderungswelle und durch Küstenbewohner, von denen die Ureinwohner der Kanarischen Inseln, die Guanchen, abstammten, besiedelt worden war.

Erstaunlich ist übrigens, wie schnell und vielfältig sich hier die Entfernung vom kulturellen Stammplatz auswirkte. Es gab ebenso Rassenkreuzungen wie Überlagerungen und Verschmelzungen von Motiven, die theoretisch oder zumindest ethnographisch widersprüchlich scheinen. Und von Änderung zu Änderung ist der Leitfaden, an dem sich die Wanderungen einer zu Beginn eindeutig bestimmten Rasse verfolgen lassen, immer schwieriger wieder aufzunehmen. Im Süden des Territoriums, das die Neolithiker capsianischen Ursprungs besetzten, erstreckte sich das Savannen- und Seengebiet der Neolithiker sudanesischen Ursprungs, das seinerseits im Süden vom Regenwald begrenzt war, der sehr viel weiter als heute nach Norden vorstieß. Dieser Wald nun spielte im Neolithikum eine ähnliche Rolle wie anderwärts das Gebirge. Für die Verfolgten war er Zuflucht, für andere eine überkommene Lebensweise. Hier fehlen die Niloten. Es handelt sich vielmehr um eine authentisch schwarze Bevölkerung, die aus dem
113 fernen Zentralafrika die verschiedensten kulturellen Motive, zum Teil bis

113 Während die Anthropologie über die neolithischen Menschentypen wenig auszusagen weiß, macht die Felskunst erstaunliche Vergleiche möglich. So entspricht dieser als «der Abessinier von Jabbaren» (Tassili n'Ajjer, algerische Sahara) bezeichnete Mann genau einem den Afrikaspezialisten wohlbekannten heutigen Menschentyp, der von Osten her gekommen zu sein scheint. Auf dem Original beträgt die Schulterbreite des Mannes von Jabbaren 22 Zentimeter. Die Malerei ist in braunem Ocker ausgeführt.

114

115

114 Die genaue Bestimmung dieser fünf in einem der Abri von Séfar dargestellten gazellenartigen Tiere ist ziemlich schwierig; zweifellos handelt es sich um weibliche Tiere, wobei das in der Mitte des Bildes sein Junges säugt. Stilistisch gehört dieses Werk zur Rinderzeit (Höhe der Gazelle rechts: 13 Zentimeter).

115 Am Fundplatz von Jabbaren (Tassili n'Ajjer, algerische Sahara) kann man diese prächtige, mit feinem Strich ausgeführte Kuh bewundern: Sie stellt wohl das Beste in dieser Art dar. Die verwendete Farbe ist ein dunkelbraunes Ocker, und das Original mißt 35 Zentimeter von der Spitze der Hörner bis zum Schwanzende.

116 Das «Unterseeboot» im Enneri Blaka verdankt seinen Namen der Form, an die es erinnert. Könnte man nicht meinen, man sähe den mächtigen Kommandoturm eines Unterseeboots aus einem Ozean von Sand auftauchen? In Wirklichkeit ist der Enneri ein Wadi, ein Fluß, indessen ist hier, in dem öden Bett, in dessen Mitte der merkwürdige Felsen sich erhebt, seit sehr langer Zeit nichts mehr geflossen, und das «Unterseeboot» ist für immer versteinert. Selten ist eine Gegend härter mit Unfruchtbarkeit geschlagen worden als die, in welcher der Blaka liegt. Denn nicht der kleinste Strauch wächst da, und die Kamelreiter, die ihn besucht haben, sprechen von ihm als einer Hölle ohne Wasser und ohne die geringste Hoffnung auf Leben ... Und doch haben hier einst Hirten ihre Herden geweidet. Im Lager spielte sich ihr friedliches Leben ohne Zusammenstöße ab, und lokale Künstler schmückten die Wände der Abris und die glatten Felsoberflächen mit schönen Gravierungen und feinen Malereien. Daß man auch Darstellungen von Flußpferden findet, läßt vermuten, daß in der Nähe ein See existierte ... Doch bisher fehlt ein unwiderlegbarer Beweis, etwa ein im Sand gefundener Wirbel eines großen Fisches, für die Richtigkeit dieser Annahme.
Im großen Abri des «Unterseeboots» hat man die hervorragende Darstellung einer Hirschkuh in Weiß und Ocker entdeckt, die eine erstaunliche Ähnlichkeit mit Werken aus der Wandkunst Südafrikas aufweist. Konvergenz oder Einfluß? Es ist unmöglich, beim heutigen Stand unseres Wissens diese Frage zu beantworten.

heute in der westafrikanischen Kunst erhalten, mitgebracht hat. Nach dem ersten Fundort wird diese Kultur als «Neolithikum guineischen Ursprungs» bezeichnet. Sie muß uns jedoch hier nicht weiter beschäftigen.

Es ist vielleicht nicht unnütz, noch einmal kurz den Ablauf der Dinge in der Jungsteinzeit zu rekapitulieren: Die Seenzone ist heute Teil der Savanne und Teil der Wüste. Sie war das erste von Menschen sudanesischen Ursprungs besiedelte Gebiet. Seltsamerweise stießen diese vereinzelt beträchtlich gegen Norden vor, gegen den Hoggar und beispielsweise in das Tal der Saoura, in Richtung Marokko. Es scheint jedoch, daß sie nicht in den Süden und in den dortigen Wald gelangten. Man muß allerdings einschränken, daß unsere Kenntnisse über den Zeitpunkt der Besiedlung lückenhaft sind. Im Norden der Seenzone, zwischen dem Nil und Mauretanien, erstreckte sich die ganze heutige Sahara mit ihren beiden großen Ergs, dem westlichen und östlichen, die das Hochland von Tademaït und den Hamada de Tinterhert nördlich begrenzen. Sehr viel weiter gegen Osten ist die Libysche Wüste bereits damals ein Trockengürtel, der das Niltal besser abschließt, als es ein Ozean könnte. Diese nördliche Sahara wurde später durch die Abkömmlinge des Capsien-Kulturkreises kolonialisiert, die besonders leicht durch die meisterlichen Jaspis-Bearbeitungen zu erkennen sind. Diese Neolithiker mit Capsien-Ursprung kamen erst in die Zentralsahara, zum Beispiel nach Méniet, als die Sudaner das Land schon vollständig geräumt und sich in den Süden zurückgezogen hatten. Letztere kapitulierten wahrscheinlich vor der beginnenden Bedrohung durch die Trockenheit, die jene riesigen Wasserflächen, mit denen ihre Lebensweise so eng verbunden war, bereits beträchtlich verringert hatte. Wir werden auf die Neolithiker mit Capsien-Ursprung noch einmal zurückkommen, um uns ihre Lebensart zu vergegenwärtigen, und werden sehen, daß sie ihre südlichen Nachbarn in nichts zu beneiden brauchten, wenngleich sie in der Kunst nie den gleichen Rang erreichten. Wohl ist die capsische Strichmanier eine der ersten typisch nordafrikanischen bildlichen Manifestationen, doch bleibt sie künstlerisch deutlich unter der oft geradezu genialen Bilderwelt der Südsahara.

Selbstverständlich umfassen die drei erwähnten Volksgruppen, der sudanesische, der capsische und der guineische Kulturkreis, nicht die Gesamtheit der neolithischen Bevölkerung der Sahara. Zunächst ist nicht bewiesen, daß die Schöpfer der Felsbilder des Tassili – zumal jene der beispiellosen Rinderepoche – nicht eine auch rassisch in sich geschlossene, unabhängige Gruppe gebildet hätten. Es bleibt in der Tat schwer begreiflich, wieso so außerordentlich begabte Künstler sich nicht versucht gefühlt hätten, an den auch überall sonst sich anbietenden Felswänden ihr Talent zu erproben. In der ganzen westlichen Sahara sucht man jedoch vergeblich Vergleichbares. Andererseits wiederum ist die westliche Sahara noch längst nicht genügend erforscht, und zudem darf nicht vergessen werden, daß die atlantische Küste selbst während einer erdgeschichtlich gesehen so kurzen Epoche wie dem Neolithikum stetigen geologischen Veränderungen unterworfen war. Für den Augenblick können nur zwei Faktoren mit einiger Sicherheit bestimmt werden. Der erste besteht in der Zuschreibung der großen, kegelförmigen Töpferwaren aus dem Norden Mauretaniens zu einem Volk, von dem die kanarischen Guanchen abstammen. Diese Kera-

116

117

118 119

mik, mittelmeerisch durch ihre Formen und afrikanisch durch ihren Dekor, bestätigt erstmals die Hypothese über den cromagnoiden Ursprung der Ureinwohner des kanarischen Archipels. Es scheint gesichert, daß sie Abkömmlinge der Iberomauren waren, eines Volkes des nordafrikanischen Mesolithikums. Diese dehnten ihren Siedlungsraum mit der Zeit über die ganze nordafrikanische Mittelmeerküste aus, überwanden die Meerenge von Gibraltar, drangen nach Marokko vor und gelangten zweifellos bis zum Gebiet von Port-Etienne, dem heutigen Nouadhibou an der Südspitze der Spanischen Sahara.

Eine andere jungsteinzeitliche Kultur hielt die senegalesische Region von Cap-Vert (Dakar) besetzt; sie unterscheidet sich von den andern durch die Integration älterer Elemente. Doch ist ihre Keramik in Form wie in Dekor typisch afrikanisch, so daß uns diese Volksgruppe hier nur in dem Maße beschäftigen muß, als sie die ethnische und kulturelle Barriere verdeutlicht, die der Senegalstrom in vorgeschichtlicher Zeit bildete.

Unterstreichen wir noch einmal, daß weder die Entdeckung eines bearbeiteten Steins noch die einer Tonscherbe berechtigt, eine Fundstätte sofort der Jungsteinzeit zuzuordnen. Zuerst müssen einige weitere Bestimmungspunkte bekannt sein, wie vor allem das Fehlen von Metallgegenständen und das Alter der Objekte oder Fundschicht. Ein weiterer Punkt betrifft die kulturelle Zusammengehörigkeit, die nicht zwangsläufig durch die Gleichheit zweier an verschiedenen Orten gefundener Werkzeuge gegeben ist, da diese Gleichheit durch die Funktion bestimmt sein kann. Mit größtmöglicher Sicherheit ist die Zusammengehörigkeit erst aufgrund ähnlicher Dekorationsmotive *und* des Vorhandenseins von besonders typischen Gegenständen usw. zu erschließen.

Halten wir schließlich als Wesentlichstes fest, daß der Großteil der Sahara in der Jungsteinzeit ein geschlossenes Entwicklungsgebiet dreier Zivilisationen und einer unbestimmten Zahl von rassischen Minderheiten war, wobei die zeitliche Abfolge oder das Nebeneinander dieser Kulturen durch die vorhandenen Chronologien noch nicht schlüssig festgelegt sind.

Immer wieder wird in diesem Zusammenhang die an sich faszinierende Frage nach den Beziehungen zwischen Ägypten und den verschiedenen neolithischen Saharavölkern gestellt. Angesichts des hohen Alters und des sehr früh erreichten hohen technischen Niveaus der Nilkultur wäre es verwegen, jede Art von Einfluß zu leugnen. Dennoch ist zu bedenken, daß auch heute Menschen einige Kilometer von den modernen afrikanischen Metropolen entfernt auf der Stufe ihrer Ahnen aus der Eisenzeit leben. Wie dem auch sei, obwohl der Eindruck bestimmter Einflüsse in vielen Felsbildern sehr stark ist, fällt es recht schwer, sie exakt nachzuweisen.

Doch wenden wir uns nun der Frage des Sinngehalts, der Bedeutung der überwältigenden Bilderwelt der Sahara zu. Wer über die Probleme der Vorgeschichtsforschung unterrichtet ist, mag zu folgendem simplifizierendem Schluß kommen: «Da mit diesen Szenen brauchbare Kataloge der von den neolithischen Menschen gemalten oder gravierten Gegenstände vorhanden sind (Tiere, Menschentypen, Pflanzen, Wagen, Szenen der Jagd und der Viehzucht), genügt es, sie zu datieren, um eine Menge wertvoller Auskünfte über die Epoche zu erhalten, in der sie entstanden.» Dies ist aber

117–119 Die an den Wänden des Blaka dargestellte Tierwelt erinnert, soweit sie graviert ist, merkwürdigerweise an die von Smara in der Spanischen Sahara. Das stellt uns vor die wichtige Aufgabe, herauszufinden, ob die Stile einer Volksgruppe eignen, die dort, wo man die in Frage stehenden Bilder findet, nachgewiesen ist, oder ob es sich um Erscheinungen handelt, die von der Rasse der Urheber unabhängig sind. Der hier erstmals veröffentlichte Elefant vom Blaka, Fundplatz 4 (117), ist nicht besonders geglückt, obschon er ziemlich korrekt gezeichnet ist, denn die Umrißlinien sind übermäßig vereinfacht und die charakteristischen Einzelheiten schlecht wiedergegeben. Von der Spitze des Rüssels bis zum Schwanzende mißt er 1,86 Meter. Die Kombination von Klopfen und Gravieren ergab bei den Giraffen, die den Elefanten begleiten, kein gutes Ergebnis. Das bisher unveröffentlichte Nashorn, das von der Spitze des Schwanzes bis zum Horn 53 Zentimeter mißt (118), stammt vom Fundplatz 5 im Blaka. Die Übertreibung von Kopf und Horn beraubt das Tier nicht einer gewissen Wirklichkeitsnähe, aber man wird zweifellos die prächtige Gruppe von Gazellen (119) vom Fundplatz I im Blaka («Unterseeboot») vorziehen. Das Tier rechts mißt vom Maul bis zum Schwanz 26 Zentimeter.

120 Die Dorkasgazelle (hier ein Bock) ist eines der anmutigsten Tiere der Sahara. Sie wie die noch selteneren Edmi- und Dünengazellen werden bis heute unerbittlich gejagt und sind vielerorts ausgerottet. Was weder den steinzeitlichen Jägern noch dem anschließenden Wüstenklima gelang, haben die modernen Feuerwaffen vollbracht.

120

121 

121 Graviertes Rind (erstmals veröffentlicht) aus dem Blaka, Fundplatz 8 (41 Zentimeter vom Maul bis zum Schwanz).

122 

123 

weder wahr noch möglich. Unwahr, weil wir wissen, daß man, um datieren zu können, organisches Material braucht, das aus derselben Epoche stammt. Die mineralischen Produkte, aus denen die Künstler ihre Farbstoffe herstellten, erfüllen diese Bedingungen natürlich nicht. Der einzige Fall, der eine Altersbestimmung ermöglicht, ist dann gegeben, wenn ein Teil der Gravuren oder Malereien in eine archäologisch datierbare Schicht hineinreicht. Dann kann mit etlicher Sicherheit angenommen werden, daß die Bilder entweder kurz vor der Bildung dieser Schicht oder vor der Besiedlung der Fundstätte entstanden. Im zweiten Fall kann beispielsweise der Boden einer Höhle – also die Schicht – sehr viel späteren Datums als die Entstehung der Felsbilder sein. Daher ist auch die zeitliche Zusammengehörigkeit von in einer archäologisch bestimmbaren Erdschicht gefundenen Gegenständen mit den Bildern auf der anstoßenden Felswand nie völlig gewiß.

Es mußte also ein anderer Weg gefunden werden. Nachdem beobachtet worden war, daß die Werke eines bestimmten Stils immer jene eines anderen Stils überlagern, war eine Grundlage für eine chronologische Ordnung der Stile gegeben – zumindest mit Bezug aufeinander. Diese Klassifizierung arbeitet mit der Eigentümlichkeit, daß in jeder Stilepoche gewisse Tiere oder Tiergruppen eine vorherrschende Stellung haben – Elefant, Giraffe, Nashorn, Rind –, und berücksichtigt zugleich die Tatsache, daß sich die Zahl der vorhandenen Tierarten in der Sahara mit zunehmender Trockenheit stetig vermindert, bis nur noch Kamel und Gazelle übrig blieben. So ergaben sich beispielsweise eine Rinderzeit, eine Pferdezeit, eine Kamelzeit . . .

Diese Methode hat – ähnlich der Winklerschen für die ägyptische Keramik – das Verdienst, ein ziemlich befriedigendes Klassifizierungssystem abzugeben. Viel befriedigender jedenfalls als das Durcheinander bei einem Fehlen jeglichen Systems. Es wird indessen niemandem entgehen, daß die Felsbilder nicht mit derselben methodischen Strenge erforscht werden können wie etwa Sammlungen von Gebrauchsgegenständen. Diese – vor allem die Steinwerkzeuge – lassen sich aufgrund ihres typologischen Charakters analysieren, gruppieren und zahlenmäßig zu Statistiken aufbereiten, so daß die Summe der Meßwerte mit bereits gesicherten Sammlungen vergleichbar wird. Für das Studium der Sahara-Bilderwelt muß man deshalb viel mehr Völkerkundler als Prähistoriker sein. Dennoch ergänzen sich die beiden häufig, dieser erforscht die Gebrauchsgegenstände am Fundort, jener die Bilder. Und der eine wie der andere sind für die vollständige und korrekte Deutung der Forschungsergebnisse unerläßlich. Es sei dem, wie ihm wolle, auch wenn manche Zuweisungen zeitlich ungenau sein mögen – zumindest ihre Zugehörigkeit zur Jungsteinzeit steht in den meisten Fällen außer Zweifel.

Eine Domäne der jungsteinzeitlichen Funde steht eigentlich zwischen Kunst und Handwerk: die Keramik. Der künstlerische Ausdruck ist hier vom Stoff unabhängiger als von der Technik, im Gegensatz zur Bearbeitung von Gesteinen mit so unterschiedlichen physikalischen Eigenschaften wie etwa Feuerstein oder Quarzit. Aber welche Aussagekraft auch immer dic künstlerischen Dekors der Keramik besitzen, ein zuverlässiges Chronometer – wir haben genügend darauf hingewiesen – bilden sie nicht. Die

Lücken sind noch allzu groß. Deshalb war die Vorgeschichtsforschung für die Zeitbestimmung lange ausschließlich auf die Geologie angewiesen. Man «lauerte» daher geradezu auf die geringsten brauchbaren Indices: Schlammschichten, die die Hochwasser jährlich an den Ufern der Seen und Flüsse ablagerten, Dicke der in jeder Jahreszeit unterschiedlich zusammengesetzten Staubansammlungen, Vorhandensein dieses oder jenes Faunatypus, dessen Aussterben dann annäherungsweise datiert wurde usw.

Erstaunlich bleibt, daß dieses Bild des Geschehens in den hundertfünfzig Jahrtausenden vor der Zeitenwende im großen ganzen richtig ist. Dies bestätigten nach dem letzten Weltkrieg die Erkenntnisse auf dem damals ganz neuen Gebiet der Radioaktivität, als diese erstmals für die Datierung organischer Stoffe eingesetzt wurde. Allerdings kann die Radiokarbonmethode nur Daten bestimmen, die nicht weiter als 50 000 v. Chr. zurückliegen. Die dabei auftretenden Meßdifferenzen beruhen übrigens eher auf den Unterschieden in der Beschaffenheit der Materialproben, der Sammelverfahren oder des Vorgehens bei der Analyse als auf dem Prinzip der ^{14}C-Methode, deren Zuverlässigkeit als bestätigt gelten darf. Dies erlaubt den Schluß, daß der Durchschnitt der erhaltenen Zahlen bei mehreren Datierungsversuchen desselben Materials absolut sicher ist.

Eine Kartothek mit absoluten Zahlen ist für die Sahara wie für alle Gebiete der Welt in Bearbeitung. Sie vervollständigt sich jedoch nur sehr langsam, und die politischen Bedingungen erleichtern diese Aufgabe keineswegs. Hinzu kommt noch der Mangel an Fachleuten, denn die Bedingungen der Wüste erfordern besondere Terrainkenntnisse. Die Erforschung der Vorgeschichte der Sahara ist deshalb begreiflicherweise im Rückstand: Die Reisenden oder Geologen, denen bis ungefähr 1950 der Hauptanteil der Proben und Funde zu verdanken ist, überblickten kaum je die der Prähistorie eigene Problematik. Zeigte sich unter einer Keramikscherbe eine Aschenschicht, ging man sogleich daran, «eine Probe kohlehaltiger Erde einige Zentimeter unterhalb der Bodenoberfläche» zu entnehmen. Dies beweist zwar einen rührend guten Willen, bleibt jedoch sinnlos, wenn man bedenkt, daß etwa bei In Amguel (Mouydir, Zentralsahara) von Hydrogeologen durchgeführte Bohrungen neolithische Schichten noch in einer Tiefe von siebzehn Metern nachweisen. Am Saum der Sebkra Mekerrhane (Ahnet, Zentralsahara) liegen die jungsteinzeitlichen Schichten zweifellos noch tiefer.

Wie wenig Beweiskraft der Datierung einer Probe, die von der Oberfläche stammt, beigemessen werden kann, wird überdies verständlich, wenn man bedenkt, daß sie den störenden Einwirkungen durch den Kontakt mit neuerer organischer Materie oder mit Regenwasser ausgesetzt war – in einem Land besonders gefährlich, das Schauplatz von Atomexplosionen war! Der Leser sollte daher festhalten, daß eine prähistorische Datierung für die Sahara stets unter dem Vorbehalt einer näheren Prüfung steht und der Ergänzung durch glaubwürdige Ursprungszeugnisse bedarf. Dies ist beispielsweise bei den Datierungen der Kohleproben der Fall, die während der Grabungen von Méniet (Mouydir, Zentralsahara) gewonnen wurden: Die homogenen und kompakten Aschebestandteile, die dabei zutage gefördert wurden, waren niemals feucht geworden. Eine Kruste aus mineralischen Salzen hatte sie selbst vor den stärksten Regenfällen geschützt. Die

124

122–125 Die Antilope aus dem Blaka, Fundplatz 5 (122; erstmals veröffentlicht), verfehlt nicht, das Rind von Smara (66) oder das Nashorn aus dem Blaka (118) in Erinnerung zu rufen, denn wie bei diesen sind die großen Linien erfaßt, indem man die Striche verdickt. Diese sehr modern anmutende Gravierung mißt von der Spitze der Hörner bis zu den Vorderhufen 54 Zentimeter. Indessen weist die Giraffe vom Fundplatz I im Blaka (123) eine viel größere anatomische Genauigkeit auf, wobei sie gleichzeitig in einzigartiger Vollendung eine charakteristische Bewegungsphase einer flüchtigen Giraffe wiedergibt. Hervorragend auch die Kombination von linearer Gravur und Punzen zur Wiedergabe des zweifarbigen Fells. Die Gesamthöhe beträgt 70 Zentimeter. Der Elefant aus dem Tschad (124) ist ein direkter Nachfahre der Tiere, die im Neolithikum die Sahara bevölkerten und sich dann in dem Maße, in dem das Wasser zurückwich, nach Süden verzogen haben. Vor dem Elefanten von Gonoa (Tibesti, Tschad) geht entweder ein Jungtier oder ein Elefant, den man sich weiter entfernt zu denken hat, doch ist dies eine eher abwegige Hypothese (125). Man beachte die Beweglichkeit des Rüssels, der gegen die Brust gebogen ist, und die recht gut beobachtete Beinstellung.

125

Ablagerung war nachweislich seit ihrem Entstehen unberührt geblieben, d. h. seit 5410 ± 300 BP.

Diese Datierungsweise hat sich bei der Radiokarbonmethode durchgesetzt. BP bedeutet *before present* (vor der Jetztzeit). Diese Gegenwart wurde dabei auf das Jahr 1950 n. Chr. festgelegt. Deshalb entspricht das vorhin gegebene Datum dem Jahr 3460 v. Chr., mit einer Fehlertoleranz von plus oder minus 300 Jahren. Diese Methode hat den Vorzug, eine Gesamtübersicht über 50 000 Jahre Prähistorie, Protohistorie und Historie zu geben, so daß die oft verwirrende Umkehrung der Zahlenwerte durch die christliche Zeitrechnung entfällt.

Nach und nach haben sich uns nun die Leitfäden gezeigt, mit deren Hilfe wir die Reise in die Vergangenheit antreten. Fünfunddreißig Jahre vor dem Jahr 3460 v. Chr., das für Méniet gilt, stoßen wir auf ein Datum, das für die jungsteinzeitliche Kultur von Es-Schaheinab am Nil nachgewiesen ist. Und eben dies ist der Ort, von dem die Méniet-Leute kamen. In nicht weniger als hundert Jahren hat sich ihre Wanderung vom Nil zum Hoggar vollendet.

Funde in einem mit Felsmalereien geschmückten Felsüberhang, einem Abri, im Gebiet von Jabbaren im Tassili n'Ajjer lieferten uns die Zahl 3520 ± 300 v. Chr. Solche Daten fügen sich zu einem logischen Bild, das aufzeigt, wie die Völker zu einem jeweils gegebenen Zeitpunkt verteilt waren und wohin sie sich verschoben. Die neuesten Zahlen haben übrigens dieses Bild nicht nur schärfer gemacht, sondern auch die Dauer des Neolithikums beträchtlich erweitert. War vor wenigen Jahren das älteste Datum, das für das Neolithikum im Norden Afrikas nachweisbar war, das von Hawa Fteah (an der Mittelmeerküste Libyens) und zwar 5050 ± 110 v. Chr., nähert man sich jetzt mehr und mehr dem 7. Jahrtausend v. Chr.

Dies ist für das schwierige Verständnis dessen wichtig, was sich zur Zeit der Ankunft der jungsteinzeitlichen Menschen in der Sahara zutrug. Nimmt man beispielsweise die Einigung Ägyptens unter Menes als Orientierungspunkt, die allgemein um das Jahr 3200 v. Chr. datiert wird, zeigt sich bereits zu dieser Zeit das außerordentliche Gefälle zwischen den Niltalvölkern und den Stämmen in der Sahara. Diese stehen noch fest in der Vorgeschichte, während sich für Ägypten bereits die Tür zur geschichtlichen Zeit öffnet – mit dem bekannten triumphalen Auftakt.

Das «Wunder des Niltals» muß in einem Zusammentreffen besonderer Umstände gesehen werden, deren Bedeutung für die Antike verschiedentlich hervorgehoben wurde. Erstens gab es, um vom Mittleren Osten nach Afrika, sei es zu Land oder zu Meer, zu gelangen, nur einen natürlichen Weg: Ägypten. Zweitens war der Mittlere Osten nicht irgendeine unbedeutende Region. Wir haben zwar bereits die allzu enthusiastischen und unserer Meinung nach auch zu weit gehenden Interpretationen erwähnt, zu denen die Entdeckungen im Mittleren Osten führten. Das Wesentliche der Tatsachen aber bleibt unwiderlegbar. Dank eines in jener Zeit außergewöhnlichen Klimas verwandelte sich der Fruchtbare Halbmond in das irdische Paradies, dessen Bild die Bibel überliefert. Es befindet sich 10 000 v. Chr., zur Zeit der Anfänge der neolithischen Revolution, in voller Entfaltung. Den Vorsprung, den dieses Land jetzt gewinnt, wird es lange, sehr lange

126

126 Dieses Fresko vom Fundplatz 10 im Blaka (erstmals veröffentlicht), dessen Maßstab durch das 75 Zentimeter lange Tier in der Mitte gegeben ist, zeigt gut den Stilzerfall. Die Tiere, hier Rinder, eine Giraffe und Schafe oder Ziegen, die sich nicht näher bestimmen lassen, sind immer im Profil und in einer stereotypen Haltung wiedergegeben. Die Läufe sind nicht individuell gezeichnet, sondern mit einem einzigen Strich pro Beinpaar angedeutet. Das Fell ist zusammenhängend «gepickt», und seine Zeichnung ist entsprechend einförmig. Überdies macht sich eine Neigung zu geometrischen Formen bemerkbar. Dieser Stil ist viel jünger als der der naturalistischen Epoche.

behalten, bis sich die klimatischen Bedingungen hier verschlechterten und anderswo verbesserten, bis der seinem Ursprung so untreue Fortschritt sein Füllhorn über andern Regionen ausschüttete. Es ist jedoch leicht verständlich, daß der kulturelle und technische Vorsprung des Mittleren Ostens einen Druck nach außen ausübte und die natürlichen Grenzen zu überwinden begann, wobei gleichzeitig die unmittelbaren Nachbarn außerstande waren, der Verführung durch die ihrer eigenen so überlegene Kultur zu widerstehen.

Aus leicht faßlichen Gründen mußte ein klimatisch gemäßigtes Afrika orientalische Menschen mehr anziehen als ein Europa, das noch unter den Folgen der zu Ende gehenden Eiszeit litt. Jedenfalls setzte eine orientalische Wanderbewegung nach Südwesten ein, die entweder über den Isthmus von Suez oder von Arabien aus durch das Rote Meer nach Ägypten verlief. Dort stießen sie zweifellos auf Eingeborene. Inwieweit eher der mittelmeerische als der orientalische Einfluß für die Ägypter heller Hautfarbe verantwortlich ist, kann wohl kaum mehr schlüssig abgegrenzt werden.

Um auf die «Eroberer aus dem Osten» zurückzukommen, so ist offensichtlich, daß sie von den Hochwassern des Nils stark beeindruckt worden sein mußten. Dies um so mehr, als die Regen und damit die Überflutungen damals bedeutend stärker waren als heute. Bedenkt man, daß die von den Eroberern mitgebrachten Techniken es ihnen gestatteten, aus diesem Naturphänomen einen sehr viel größeren Nutzen zu ziehen, dann begreift man, daß diese glückliche Verbindung der ideale Nährboden für eine der gewaltigsten Leistungen der Menschheitsgeschichte war. Der Streit über das eigenständig Afrikanische des alten Ägypten scheint uns vor allem wegen seines Beitrags zur universalen Kultur gegenstandslos. Die ägyptische Kulturleistung ist gegen nichts gerichtet. Sie ist eine «Brücke» im eigentlichen Sinn des Wortes. Eine Brücke zwischen zwei Welten, die letztlich in dem gegenseitigen Austausch nur gewinnen konnten. Aus diesem Schmelztiegel afrikanischer, orientalischer und mittelmeerischer Einflüsse entstand das ganz Eigene des ägyptischen Neolithikums, das in manchem so verschieden von seinen orientalischen Wurzeln ist. Dabei darf nicht vergessen werden, wie stark der Schicksalsstrom Ägyptens die Ausformung dieser Kultur beeinflußte. Der Nil verwandelte in ein Eden, was ohne ihn Teil einer nur allzu wirklichen Wüste geworden wäre. Was könnte Ägypten zwischen der Libyschen Wüste und dem Sand Arabiens auch viel anderes sein? Aus der Sicht unserer Tage, versteht sich. Denn auch Arabien war einmal bedeutend fruchtbarer als heute.

Eine etwas abenteuerliche Hypothese wollte glauben machen, daß die Wurzeln des ägyptischen Neolithikums in der Sahara zu finden seien. Diese Hypothese wartet allerdings bis zum heutigen Tag auf die Bestätigung durch einige bemerkenswerte Fakten. Man benötigte dazu ein sehr, sehr altes Neolithikum, noch weit älter als jenes, dessen Spuren sich an den Rändern des Niltals erhalten haben. Mit besonderer Deutlichkeit ist jedoch die Gegenströmung bewiesen. Das sogenannte «Ténéréen» ist eine Industrie hervorragend bearbeiteter grüner Phtanite, die in erstaunlichem Maße an die Steinbearbeitungen des ägyptischen Neolithikums erinnern. Ähnliche Industrien fanden sich bei Zouar im Tibesti, im Aïr und im Massiv von

127 Wenn man im Tassili n'Ajjer dem Wadi Djerat entlanggeht, stößt man auf seinem linken Ufer auf einen den Tuareg allein bekannten Stein. Hebt man ihn auf, so erkennt man darunter den sorgfältig geölten Abdruck eines menschlichen Fußes. Für die blauen Männer gibt es keinen Zweifel: Es ist dies das Zeichen, das ihr ältester Vorfahre hinterlassen hatte, als er in dieses Land gekommen war. Um zu vermeiden, daß die wertvolle Reliquie verwittert, bestreicht jeder Besucher sie ehrfürchtig mit Öl und setzt wieder den Stein darauf.

127

128

128 Die flachen Steinplatten von Tiratimine (Hoggar) an dem als «Sklavenmarkt» bezeichneten Ort werden immer noch mit banalen Tifinagh-Inschriften (z. B. «Salah liebt Mabruka»), vor allem aber mit Sandalenabdrücken mit Votivcharakter bedeckt. Jeder Abdruck mißt 25 bis 30 Zentimeter. Da haben wir ein Beispiel modernen (und recht dekadenten!) Überlebens der Felskunst vor uns.

Termet südlich des Ténéré. Das kulturelle Epizentrum scheint jedoch in der Gegend von Adrar Bous gelegen zu haben, nicht weit also von Iférouane.

Außer dieser praktisch unbestreitbaren Beeinflussung gibt es noch allerlei Vermutungen. Man behauptete zum Beispiel, daß es möglich sei, ägyptische Vorstellungen in den Themen der Felsbilder in der Sahara aufzuzeigen: Widder mit Sonnenscheiben, Zauberer mit Tiermasken usw. Aufgrund gewisser Einzelheiten glaubte man sogar Einflüsse der XVIII. Dynastie zu erkennen. Dies scheint uns ein allzu schnelles Vorgehen und ein leichtfertiges Vergessen der wissenschaftlichen Arbeitsweise, die zur Rechtfertigung solcher Hypothesen nötig ist. Es gibt sicherlich eine Son-

129

129 Dieser von Kamelen beherrschte Fries aus dem Wadi Djerat ist ein «vollendetes» Beispiel dekadenter Kunst: Die Menschen sind nach einem infantilen Muster schematisiert, und wenn der Höcker nicht wäre, könnten die Kamele kaum identifiziert werden. Diese Art von Felsgravierung ist indessen insofern aufschlußreich, als sie zeigt, daß der Nomade nicht einfach das darstellt, was er sieht, sondern auch das, was ihm zutiefst vertraut ist: das Kamel im wesentlichen und dessen oft mit einem Stock oder einer «Takuba» bewaffneten Herrn. Dem Ganzen fügt er irgendwelche Formeln in Tifinagh bei, in denen er Allah anruft oder seine Liebe zu einer Frau erklärt. Sei es infolge des Islams, sei es aus irgendeinem andern Grund, die magischen Vorstellungen der Nomaden, die immer noch bestehen, haben ihr Gesicht verändert. Man graviert keine mythischen Tiere mehr und keine sagenhaften Wesen, aber man fügt seinen Stein zum Haufen, der von den Vorgängern am Rand der Piste geschaffen worden war, und man befestigt einen Stofflappen an einem Busch ... Indessen nimmt eines der bedrängendsten Probleme der umherziehenden Nomaden, das sexueller Art ist, ziemlich oft Gestalt an. Doch ist es merkwürdigerweise notwendig, daß eine erste Zeichnung den Maler oder Graveur anregt, dann blüht die bildnerische Erotika auf. Wo dieser erste Schritt schwierig zu tun ist, weil Vorläufer fehlen, begnügt man sich damit, das alltäglichste Objekt der Sorge des Nomaden darzustellen: das Kamel. Aber schon erscheinen auch Zeichnungen von Camions, das nicht zu leugnende Zeichen des Fortschritts. Durchschnittliche Höhe der Kamele: 15 bis 20 Zentimeter.

nensymbolik in der Sahara und ebenso Fruchtbarkeitsriten. Es trifft auch zu, daß sich Zauberer die Fähigkeiten, die sie einem Tier zuschrieben, durch Tragen seiner Maske anzueignen suchten – eine Beschwörungsform, die übrigens noch in jüngster Vergangenheit zu belegen ist.

Man würde jedoch vergeblich nach Anzeichen forschen, die eine genaue Kenntnis des ägyptischen Pantheons bezeugen. Dort übrigens, wo handwerkliche Einflüsse nachzuweisen sind (wie etwa im Ténéré), blieb kein einziges künstlerisches Element, das die erwähnte These untermauern könnte, erhalten. Unter anderem hat man niemals das geringste kulturelle Indiz entdeckt, das sich auf ägyptische Glaubensvorstellungen bezogen hätte. Ein solches Indiz hätte sich jedoch in Anbetracht des bereits erwähnten zeitlichen Gefälles finden müssen, wenn echte Kontakte stattgefunden hätten. Die Frage des ägyptischen Einflusses kann also zurzeit gar nicht schlüssig beantwortet werden. Fest steht, daß spezifisch ägyptisch-neolithische Techniken und Formen der Steinbearbeitung in die Sahara getragen wurden, und zwar von Menschen, deren Kenntnisse sich nicht auf weitergehende kulturelle Errungenschaften der ägyptischen Jungsteinzeit erstreckt haben. Es scheint im Gegenteil, als hätten sie sich nur die Technik der Steinbearbeitung ausgeliehen und ansonsten ihre andersgeartete Kultur beibehalten. Man kann sich übrigens fragen, ob die Vergöttlichung der Sonne – die als Beleg für den Einfluß Ägyptens dienen muß – nicht einer gemeinschaftlichen Vorstellung entspricht, die in ganz Nordafrika noch vor Ankunft der ersten neolithischen Menschen aus dem Mittleren Osten verbreitet war. Man könnte dann im Niltal beobachten, wie dieser aus ursprünglichen Elementen lebende Kult sich unter dessen außergewöhnlichen Bedingungen auch in außergewöhnlicher Weise entwickelte.

Wir verlassen etwas ungern ein Thema, das vielleicht den Schlüssel zu manchen Fragen in der Geschichte der Sahara enthält. Dagegen läßt sich leicht beobachten, daß unsere Neolithiker weitgereiste Menschen waren, Mauretanien ist durch die Mittelmeer- und die atlantische Küste von Columnata (zwischen Oran und Algier gelegen) weit entfernt. Méniet, wo die neolithische Welle des Capsien-Kulturkreises auslief, ist von Gafsa durch eine große Distanz getrennt. Tausende von Kilometern liegen zwischen

130 

130 Obschon neuzeitlich, ist das Fresko von Yeï Lulu Loga, Niger (erstmals veröffentlicht; Höhe des Schildes: 18 Zentimeter, Länge der Lanze 31 Zentimeter), mit viel größerer Sorgfalt ausgeführt als gleichartige andere. Der Hund links, ein Slughi, der nordafrikanische Windhund, ist gut wiedergegeben, und der Krieger, in Paradehaltung, trägt einen klassischen Schild (einen sogenannten «Achter») und eine lange Lanze. Das Anhängsel, das zwischen seinen Beinen herabhängt, mag bedeuten, daß er mit einer Tierhaut gegürtet ist. Das Kamel mit dem in traditioneller Weise reich geschmückten Kopf wird von einem ziemlich schlecht erkennbaren Krieger geritten. Man könnte, wegen des Hundes, an eine Jagdszene denken, aber man muß auch bedenken, daß alle in dieser Zeit dargestellten Personen sich auf Kriegsfuß befinden: Das goldene Zeitalter ist endgültig vorbei.

Khartum und dem Wadi Tilemsi westlich des Adrar des Iforas, wo sich das in Khartum beheimatete Wellenlinienmotiv wiederfand. Die Ténéréen-Industrie macht hier keine Ausnahme. Technik und Form dieser Steinwerkzeuge entstanden weit im Osten, vielleicht sogar in der Nähe Thebens. Dies alles läßt uns an ihre Vorgänger zu Ende der Altsteinzeit, die Atérien-Leute, denken, die mit ihren leichter gewordenen Waffen auszogen, den großen Süden zu erobern. Wieviel Zeit brauchten sie zur Überwindung dieser enormen Distanz, die den Tschad von Tébessa in Ostalgerien trennt? Aber zur Sache! Wer bewohnte eigentlich die Ufer der großen Seen, als die Neolithiker dort anlangten? Die Atérien-Leute siedelten hier noch im 7. Jahrtausend v. Chr. . . . Oder was widerfuhr den noch existierenden neandertaloiden Völkern bei der Ankunft des Homo sapiens? Warum mußte die Begegnung gerade in dem Augenblick stattfinden, als das «Feuer der Hölle» vom Himmel zu fallen anfing . . .

Wir haben schon zu wiederholten Malen gesagt, daß sich das Neolithikum durch das plötzliche Erscheinen revolutionärer Techniken charakterisiert. Stellen wir uns die Verblüffung eines Altsteinzeitmenschen vor, der plötzlich auf ein Lager von Neolithikern stößt – natürlich ist eine solche Begegnung mehr als unwahrscheinlich –, mit den ersten Tonbrennöfen konfrontiert wird, den ersten Pfeilbogen, die ersten Gewebe sieht. Wenn uns auch heute die eine oder andere moderne Errungenschaft erstaunen mag . . . wir staunen sicherlich weniger als unser hypothetischer Altsteinzeitmensch, der sieht, wie aus einem Nichts von Erde ein schöngeformter

131 Die Kuh von Ahréné, Wadi Ihérir (Tassili n'Ajjer, algerische Sahara; Länge des Leibes 38 Zentimeter), beeindruckt durch ihr reichgegliedertes Fell.

132 Das Nashorn von Oumet el-Ham, Mauretanien (Länge vom Schwanz bis zum Horn 18 Zentimeter), zeugt von gründlicher Kenntnis seines artspezifischen Verhaltens.

133 Die zwei Gestalten in der Mitte des Freskos von Séfar (Tassili n'Ajjer) könnten Tänzer sein (Höhe der Gestalt rechts, vom Scheitel bis zur Sohle, 22 Zentimeter).

134 Fresko von Ti-n'Assihr II im Tadrart Acacous mit den sogenannten «Sanduhrmenschen», deren Geschlecht schwer festzustellen ist. Der Kopf ist durch einen Strich angedeutet, die Glieder sind schlank, der Körper ist langgezogen (Höhe des «Mannes» rechts: 20 Zentimeter).

135 Der Bumerangwerfer von Séfar (Tassili n'Ajjer, algerische Sahara) wurde lange als Darstellung eines Bauern mit seiner Hakke gesehen, aber diese Annahme ist nicht mehr zu halten (Distanz zwischen dem Bumerang und dem Schwanz des Tieres: 38 Zentimeter).

136 Ebenfalls aus Séfar stammen diese Personen (Höhe der größten Gestalt: 95 Zentimeter). Die lineare Umrißzeichnung ist gelb, während die Haut des Körpers dunkelolivgrün ist. Man beachte, daß der Bumerangwerfer auf dem vorhergehenden Bild auch mit gelben Linien, aber einem hell kastanienbraunen Innern dargestellt ist. Zierat und Federn sind hellgelb.

137 Die Gestalt im Poncho von Teshuinat, Fundplatz 5, läßt eher an einen Südamerikaner als einen afrikanischen Eingeborenen denken ... Die Haartracht ist zweifellos eine Variante derjenigen von Uan Amil I (Bild 101). Der Menschentypus steht in bemerkenswertem Gegensatz zur klassischen Morphologie der schwarzen Rasse.

138, 139 Der komische Gang dieser weiteren Gestalt auf der Malerei von Séfar (138), mit schwarzen Umrißlinien und einem okkerfarbenen Innern (Höhe 21 Zentimeter), ist sehr gut wiedergegeben, während, ebenfalls in Séfar (139), drei Figuren in schreitender Haltung zeigen, daß die Hose keine neuzeitliche Erfindung ist. Die Umrisse sind mit gelbem Strich gezeichnet. Das Innere ist dunkel kastanienbraun, die Binnenzeichnungen sind wiederum gelb (Höhe der Gestalt rechts: 30 Zentimeter).

Behälter wächst, der im Feuer hart wie Stein wird. Damit ist der entscheidende Schritt getan, von nun an ist die Erde wahrhaftig dem Menschen untertan. Die Möglichkeit des Kochens erweitert den Speisezettel in ungeahnter Weise. Die Zubereitungsarten verfeinern sich, ja mit dem Kochen ist der Grundstein gesetzt, auf dem Nahrungsmittelchemie, Arzneifabrikation, Konservenindustrie usw. aufbauen werden. Selbst die Bestattungsriten erfuhren eine Veränderung, als man große Tonkrüge herzustellen verstand. Wir werden noch einmal auf die revolutionäre Bedeutung der Töpferei zurückkommen, wenn wir das Bild des jungsteinzeitlichen Alltags zu entwerfen versuchen.

Dennoch war es der Steinschliff, der die ersten Forscher am meisten beeindruckte, und zwar so sehr, daß die Jungsteinzeit anfänglich «Zeitalter des Steinschliffs» getauft wurde. Diese Namengebung wurde jedoch der Gesamtheit der enormen Entwicklung, die diese Epoche kennzeichnet, in keiner Weise gerecht.

Eigentlich wäre ein Neolithikum ohne Keramik durchaus vorstellbar. Töpferwaren sind nicht einfach zu transportieren, und die Nomaden haben sie denn auch nie sehr gemocht, ja man kann feststellen, daß bestimmte Stämme sie mehr oder weniger ignorieren. Im wesentlichen bleibt Keramik ein Zeichen der Seßhaftigkeit. Aber ob seßhafte oder nomadische Lebensweise, das eigentlich Neue in der Jungsteinzeit ist nicht das Kochen im Tongefäß, sondern das Kochen im Gefäß überhaupt. Jene, deren nomadisches Leben den Transport von Tongeschirr als zu umständlich verbot, entdeckten dafür, daß man Milch oder andere Nahrungsmittel auch kochen kann, indem man Steine im Feuer erhitzt und anschließend mit dem Kochgut in eine Ledertasche gibt.

«Die Menschen des Morgens», die jungsteinzeitlichen Saharabewohner, sind daher vor allem Menschen, die das Feuer zu meistern und seine Energie zu ihrem Vorteil einzusetzen wußten. Alles liegt von diesem Moment an in ihrer Macht. Das «Aufbereitete» meistert das «Rohe» – und dies nicht ohne tieferen Sinn.

Nachdem nun die neolithischen Menschen geographisch und chronologisch eingeordnet und die Umrisse ihrer Revolution nachgezeichnet worden sind – was wäre nun von einer Analyse der Gesamtheit dieser Elemente, die sich uns nach und nach gezeigt haben, zu erhoffen?

Es gibt keinen absoluten Beweis, daß die Entstehung der ältesten Felsbilder zeitlich mit der Ankunft der ersten Neolithiker in der Sahara zusammenfällt. Während fünf- oder sechstausend Jahren konnte sich so viel ereignen, daß es kaum je möglich sein wird, darüber eine genaue Übersicht zu erhalten. Die gesicherten Daten sind viel zu spärlich, um eine genaue Zeittafel aufstellen zu können. Wie groß ist der zeitliche Abstand zwischen Anfang und Ende der Besiedlung einer bestimmten Gegend durch eines der in Frage kommenden Völker? Wir wissen es nicht. Welche Kulturen löste das Neolithikum in den einzelnen Regionen ab? Wann wurde es selbst wiederum von der Metallzeit abgelöst? Lauter Fragen. Metallgegenstände sind zur Beantwortung der letzteren auch keine große Hilfe, sind doch bei ihnen Alter und Ursprung noch weniger gewiß. Dies bedeutet, daß die Sahara ganz einfach noch viel zu wenig erforscht ist. Jene, die sich dieser

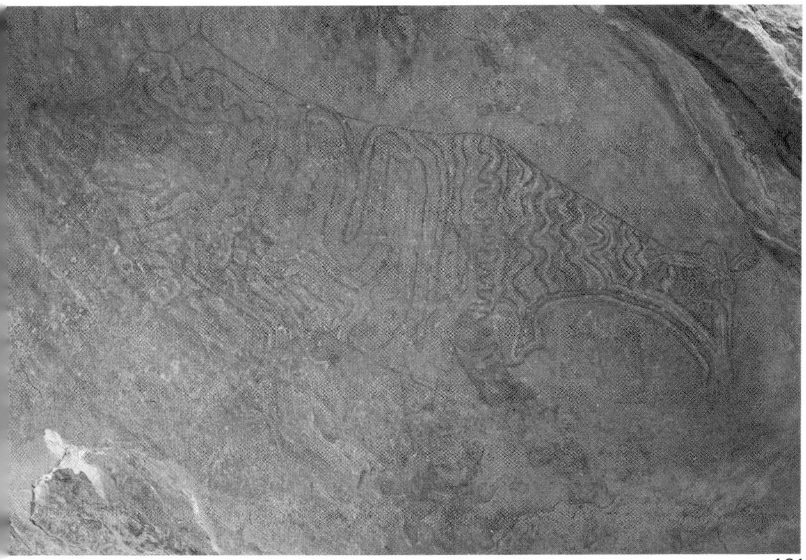
131
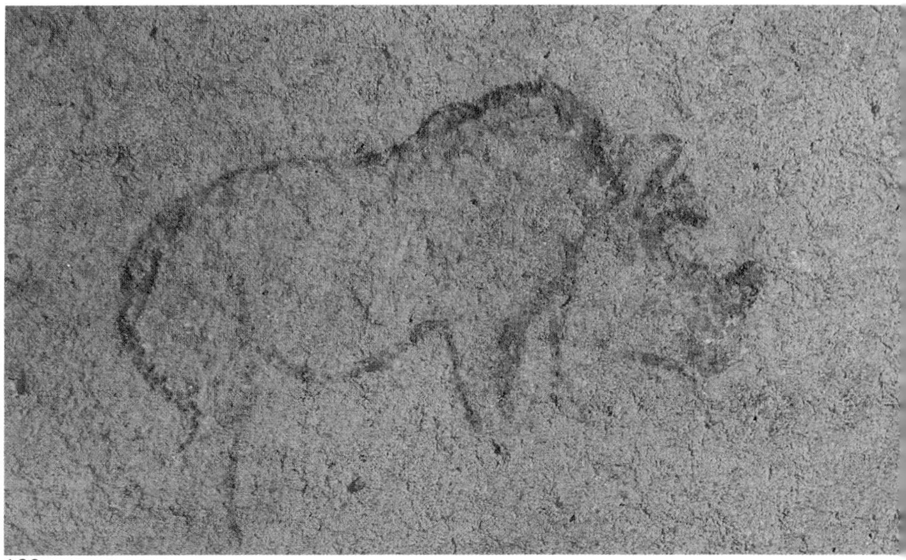
132

133

134

135

▼136

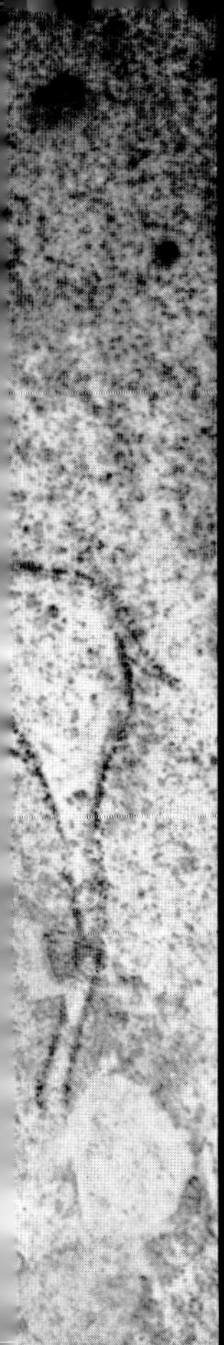

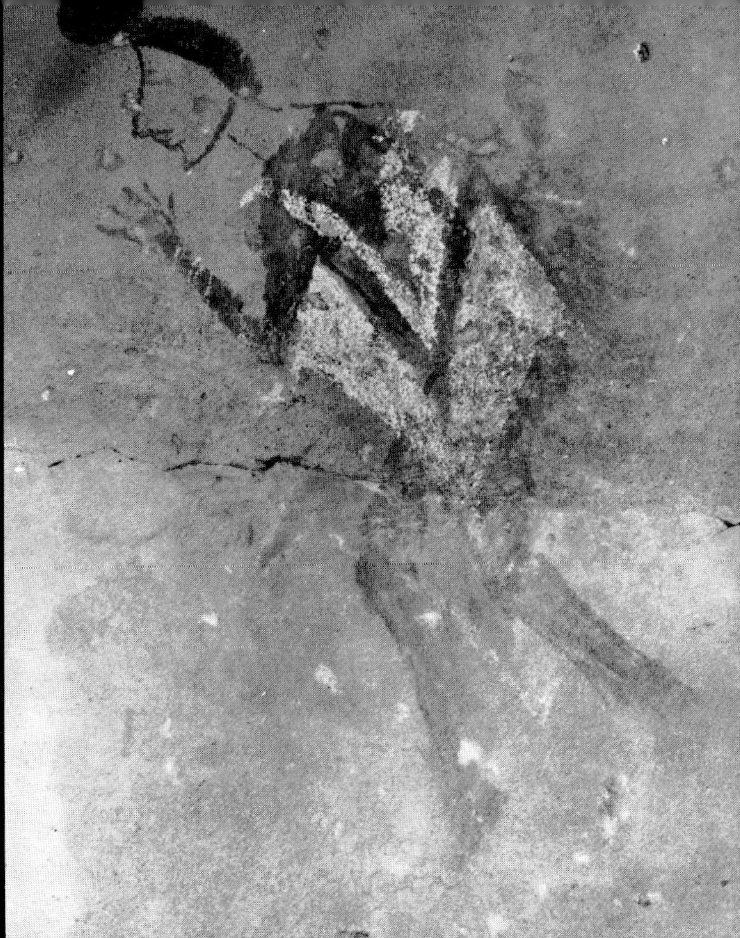

137

138

139

140

141

142 ▼ 143 ▶

144

145

146

Aufgabe verschrieben haben, sind eine verschwindende Minderheit, reicher an Enthusiasmus denn an Mitteln. Man braucht jedoch deshalb die Hoffnung nicht aufzugeben. Um unsere Zukunft besser planen zu können, werden wir schließlich doch das Geheimnis unserer Vergangenheit durchdringen müssen.

Natürlich müssen die Schwierigkeiten bei der Datierung der Felsbilder kein unüberwindliches Hindernis sein. Man mag sich mit einer relativen Chronologie begnügen, bis sich ein genaueres Bild abzeichnet. Die schönsten Gravierungen, jene der großen naturalistischen Epoche, der wir so viele Meisterwerke verdanken, sind sicherlich die ältesten. Sie dokumentieren in schönster Weise die Großtierwelt, wie sie heute vor allem noch in Ostafrika heimisch ist – Elefanten, Nashörner, Flußpferde, Giraffen. Die Reinheit der Linien, die anatomische Genauigkeit und die genau beobachteten Bewegungsabläufe zeigen überzeugend, daß die Schöpfer dieser beeindruckenden Gravierungen ihre Modelle dem Leben entnahmen.

Die Malereien des Tassili mit ihren stumpfen, aber fast samtig wirkenden Farben und der erfrischenden Naivität der Szenen sind schon mehrfach ausführlich behandelt worden. Sie sind wahrscheinlich etwas jünger als die obenerwähnten Gravierungen. Doch bereits nach diesem zweiten Höhepunkt scheint der Verfall der Felsbildnerei, von wenigen Ausnahmen abgesehen, einzusetzen. Dieser Abstieg des künstlerischen Schaffens endete in einem kindischen, aller Anmut beraubten Schematismus, der wiederum von einer unbeholfenen Sgraffitomalerei abgelöst wird. Ähnlich zeichnen noch heute die Nomaden mit einem Stück Holzkohle oder der Spitze ihres Messers. So bedauerlich dieser Verfall sein mag, er ist nicht ohne innere Logik: Zu Ende der Mittel- und zu Anfang der Jungsteinzeit ist das Verhältnis zwischen der Fruchtbarkeit des Landes und den Menschen, die es besiedeln, noch ausgeglichen. Wasser – und damit Nahrung, aber auch Zeit für künstlerisches Schaffen – ist noch reichlich vorhanden. Nach und nach jedoch verringert sich die Niederschlagsmenge, die Flüsse schrumpfen, der Wasserspiegel der Seen sinkt und sinkt, und Unruhe überfällt mehr und mehr die Herzen der Menschen. Bald wird die Bedrohung deutlicher: Wasser findet sich nur noch in den verschlammten Marigots, die Tierwelt zieht sich auf der Suche nach Weideplätzen oder Beute immer weiter nach Süden zurück. Flüsse haben ihren Lauf gewechselt und so ungeheuren Gebieten ihre Substanz entzogen. Beispiel dafür ist der Dioliba, der bis dahin den See von Timbuktu speiste und jetzt mit dem Niger vereint nach Südosten fließt.

Die Menschen wurden der Gefahr gewahr: Das Versiegen einer Quelle konnte ja nicht unbemerkt bleiben, wenn sie als Dorfbrunnen gedient hatte. So setzten sich die durch die wachsende Sterilität der Natur hervorgerufenen Ängste mit der Zeit in eine seltsam berührende Armut der Felsbilder um. An manchen Orten wurde das Beschwören der Fruchtbarkeit zu einer permanenten Besessenheit. Fruchtbarkeit und Fortpflanzungsfähigkeit wurden geradezu gleichbedeutend. Die Symbole, in denen sich dies ausdrückt, liegen auf der Hand. In dem der Sahara vorgelagerten Atlas wurde die plazentare Mutter-Fötus-Verbindung als Symbol der Vereinigung der Muttergöttin mit dem Jäger gesehen, dessen Erfolg sie gewährleistet, so daß der Jäger mit der ihn führenden Göttin durch eine Nabel-

140–143 Die «Mähnenspringerjagd» (140) in der Gegend von Teshuinat im Tadrart Acacous (Libyen) ist eine Miniatur (Breite des Bildes: 56 Zentimeter) von äußerster Wirklichkeitsnähe. Man vergleiche diesen reizvollen Naturalismus mit der starren Haltung einiger an der Decke des Abri vom Fundplatz 10 im Enneri Blaka (Niger) abgebildeter Tiere (141; erstmals veröffentlicht). Es handelt sich um eine Mischung von Werken verschiedener Schulen: Die Rinder im Zentrum stehen im Gegensatz zur Malerei oben und zu dem sehr grob konzipierten Elefanten links (er ist 40 Zentimeter lang). Wir haben die Außenansicht der Felsnische vom Fundplatz 10 im Enneri Blaka bereits gezeigt (Bild 47). Hier nun der Anblick von innen (142) und der Eingang (143). Man beachte oben links den Rand der großen Malerei mit den der regungslosen und unfruchtbaren Wüste zugewendeten Rindern. Die Höhle öffnet sich gegen Südosten, und von dort aus kann man das andere Ufer des Enneri sehen. Dieser bemerkenswerte Fundplatz gehört zu einer Folge von acht Stellen, die alle von der 1968 von Maximilien Bruggmann geleiteten Expedition Blaka entdeckt wurden.

144 Die dekadente Kunst der Sahara ist bis heute schlecht analysiert worden. Würde sie einer ernsthaften, wissenschaftlichen Untersuchung unterworfen, sollte es möglich sein, daraus aufschlußreiche Einsichten in jene Zeit zu gewinnen, die der französische Geograph E. F. Gauthier so treffend «die dunklen Jahrhunderte des Maghreb» nannte – wobei hier die Sahara ausdrücklich miteingeschlossen ist. Die gravierten Gestalten aus dem Enneri Dirinao (Tibesti, Tschad; Höhe der Figur rechts 84 Zentimeter) besitzen einen Kopf, der an den einer Ameise erinnert. Der Penis mag mit einer Hülle geschmückt sein, was seine «gestellte» Form erklären würde. Die Gestalt rechts scheint im Begriffe zu sein, einen Speer zu schleudern: es dürfte sich also um eine Jagdszene handeln.

145 Der Schild, die Lanze und die merkwürdige Haartracht mit «Antennen» (möglicherweise Straußenfedern) verleihen diesen Kriegern, deren bereits historisches Alter durch die Anwesenheit eines Kamels (unten links) bestätigt wird, ein stolzes Aussehen.

146 Die Giraffengruppe ist eine bisher unveröffentlichte Szene aus dem Enneri Blaka, Fundplatz 11. Man muß die Virtuosität des Künstlers bewundern, der es verstanden hat, das Haarkleid jedes Tieres zu variieren. Die Beinstellung wirkt lebendig, und dieser Ein-

druck wird durch die hin und her peitschenden Schwänze noch verstärkt. Indessen ist die lineare Zeichnung, obwohl durchaus treffend, nicht von besonders guter Qualität, aber daran mag die Beschaffenheit des Malgrundes schuld sein. Trotz seines Realismus ist dieses Werk schwer zu klassieren.

147 Der Hund von Ti-n-Abou Teka, Tassili n'Ajjer, in dunkelrotem Ocker ausgeführt, mißt 53 Zentimeter vom äußeren Rand der Schwanzspirale bis zum Maul. Eine unbeholfene Zeichnung oder bewußte Karikatur?

147

148 Dieser Krieger auf seinem Kamel interessiert nur wegen der genauen Wiedergabe seiner sehr vollständigen Ausrüstung. Das Ganze ist auf kindliche Weise ausgeführt. Es ist im Wadi Djerat (Tassili n'Ajjer, algerische Sahara) aufgenommen worden (Höhe ungefähr 20 Zentimeter).

149, 150 Das Problem der Wagen ist eines der archäologischen Geheimnisse der Sahara: Wie kommt es, daß man zahlreiche Ab-

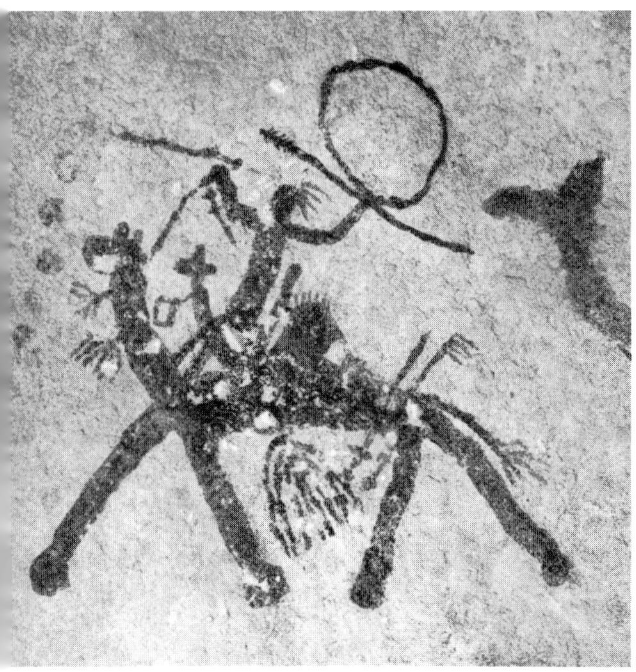
148

schnur oder eine Fruchtblase verbunden dargestellt wird. Hier findet sich auch die eigenartige Szene des Betenden vor einem urinierenden Widder; dieser trägt zwischen seinen Hörnern eine große Sonnenscheibe. Im Tassili sind es Szenen mit rituellen Orgien, die jeweils von einer Person in Tiermaske geleitet werden. In unserem Jahrhundert, dem der Sinn für das wirklich Sakrale weitgehend verlorengegangen ist, hat man diese Anrufungen allerdings mißverstanden. Ohne ihren religiösen Symbolgehalt zu erkennen, verurteilte man sie als zu anstößig für eine Veröffentlichung. Ein Fehler, der hier leider nur zum Teil wiedergutgemacht werden kann!

Diese ganze Bilderwelt läßt das Ausmaß der auf den Menschen lastenden Bedrohung unschwer ermessen, die sie veranlaßte, den Schutz überirdischer Mächte zu suchen. Und mehr als anderswo entstand das religiöse Bewußtsein hier in der Konfrontation mit dem ursprünglichen Sinngehalt der Sexualität.

Der Alltag der Neolithiker

Wenn man nicht gerade Geologe und also daran gewöhnt ist, mit mehr als zwei Millionen Jahren zu jonglieren, dann kann die Rekonstruktion der Vergangenheit ernsthafte Schwierigkeiten bereiten. Ist es schon nicht ganz leicht, sich die Aufeinanderfolge dieser längst vergangenen Völker vorzustellen, um wieviel schwieriger ist es erst, mit Hilfe von spärlichen und unvollständigen Zeugnissen ihren Alltag zu rekonstruieren. Daß Holz, Knochen, Leder und andere faulende Materialen fast vollständig verlorengingen, versteht sich von selbst. Und Steingeräte geben nur einen Bruchteil der menschlichen Aktivitäten wieder. Besonders dann, wenn ihre Schöpfer bereits genug Kenntnisse besitzen, um Rohstoffe weiterzuverarbeiten. Dennoch läßt sich der Prähistoriker von diesen Schwierigkeiten nicht entmutigen. Die Gegenstände, deren minuziöser Untersuchung er sich widmet, nehmen für ihn einen Sinn an, der dem Laien geheimnisvoll erscheinen muß. Die Erklärung hierzu liegt in der Absicht des Prähistorikers, vor allem Typologe zu sein, um die technische Fertigkeitsstufe besser zu begreifen, die sich in der Kunst der Steinbearbeitung ausdrückt. Hinter der abschreckend trockenen Definition eines Gegenstandes wird nämlich die menschliche Intelligenz lebendig, die ihn hervorbrachte.

Nehmen wir zum Beispiel eine Karneolperle: Sie ist so hart, daß man sie mit einem modernen Bohrer aus gehärtetem Stahl kaum anzubohren vermag. Dennoch hat diese Perle, die von einem jungsteinzeitlichen Halsband stammt, ein Loch für den Faden. Gewiß, es ist nicht immer gleichmäßig, am häufigsten hat es die Form zweier einander an der Spitze treffender Kegelstümpfe. Der Typologe beginnt nun mit einer genauen Beschreibung seines kleinen Objekts. Mit weiteren Funden kommen Perlen in allen Herstellungsstufen dazu, von der dicken, runden, gelochten Scheibe, mit Steinhammerschlägen roh zubehauen, bis zur Perle, die beim Durchbohren zerbrach. Er greift dann vielleicht zur Lupe, vergleicht und entdeckt plötzlich den wahren Sachverhalt: Mit einem Spitzmeißel aus hartem Stein werden beide Seiten der rohen Scheibe im Zentrum bearbeitet. Diese Arbeit muß äußerst langwierig gewesen sein und alle Sorgfalt beansprucht haben; denn ein nur etwas zu heftiger Schlag kann die Scheibe spalten.

Im besten Fall entstehen auf jeder Seite zwei feine, napfähnliche Gebilde. Bittere Erfahrungen haben die Künstler gelehrt, daß nun der Meißel beiseite gelegt werden muß. Der zweite Arbeitsgang beginnt. Eine Mischung aus Harz und feinem Quarz wird in den Napf gestrichen, und mit einem Bohrer – noch immer aus Stein – kann die Vertiefung langsam weiter vorgetrieben werden. Wahrscheinlich arbeitet der Künstler abwechselnd auf beiden Seiten, bis sich die beiden Trichter in der Mitte treffen. Wenn nun die Bohrung geglückt ist, kann das Äußere der Scheibe poliert werden, bis eine vollendet geformte Perle vorliegt. Anhand der gefundenen Stücke können alle Stadien des Herstellungsablaufs belegt werden, und es zeigt sich, daß schon damals, als Zeit wohl kaum so kostbar war, ein Wirtschaftlichkeitsdenken die Arbeit bestimmt haben muß: Nie wurde mit dem Polieren des Äußeren begonnen, bevor nicht die gefährliche Arbeit der Bohrung erfolgreich beendet war.

Und so, wie eine kleine Karneolperle dem Prähistoriker nach und nach immer mehr über die Fertigkeiten ihres Schöpfers verrät, offenbaren auch viele andere Dinge nach geduldigem Untersuchen und Vergleichen ihre Geheimnisse, bis langsam jene Wesen wieder lebendig werden, denen wir unsere Existenz verdanken.

Weiter oben haben wir das Bild jener Neolithiker gezeichnet, die vom oberen Niltal her in einer ersten Welle in die Sahara eingedrungen sind. So fruchtbar und so reich an Wild diese Sahara auch gewesen sein muß, es wäre falsch, sie sich als einen Garten Eden ohne jegliche Gefahren vorzustellen. Eine der größten Plagen müssen in dem feuchtwarmen Klima an den Ufern der riesigen, aber fast ausnahmslos sehr flachen Seen Stechmücken und andere Seuchenüberträger gewesen sein, doch gab es ja auch weder ein Serum gegen Schlangenbisse noch eine wirksame Waffe gegen Raubtiere oder Großwild.

Auf der andern Seite waren gerade diese Gefahren und Schwierigkeiten Anstoß zu Kulturleistungen. Insekten, Dornen und Schlangen waren zweifellos eher dafür verantwortlich, daß sich der jungsteinzeitliche Mensch bekleidete, als irgendein – wie man zuweilen liest – angeborenes Schamge-

bildungen findet, und zwar so naturgetreue, daß sie nur nach Originalen hergestellt sein können, obwohl man doch nie auch nur ein kleines Stück Metall gefunden hat?

Die zwei Wagen von Ti-n-Smad, Tassili n'Ajjer, in die gleiche Felsplatte am Grunde des Wadi graviert, stehen wegen der Konzeption der Zeichnung zueinander im Gegensatz: Die erste zeigt zwei links und rechts der Deichsel flach ausgelegte Pferde in statischer Haltung (149); diese Darstellungsart ist die ursprüngliche. Die andere zeigt die Pferde großartig im «fliegenden Galopp» erfaßt (150). Soweit man es beurteilen kann, gibt es keinen Aufbau oder Sitz für den Lenker, der auf einer engen Plattform steht und zusammen mit den Zügeln eine Peitsche oder eine Lanze in der Hand hält. In beiden Fällen weisen die sehr weit auseinanderstehenden Räder je sechs Speichen auf. Es ist nicht zu erkennen, wie die Deichsel mit dem Geschirr verbunden war. Der erste Wagen mißt mit der Deichsel 65 Zentimeter, beim zweiten beträgt die Distanz von den Vorderhufen der Pferde zum Kopf des Lenkers 72 Zentimeter.

149

150

151 Die Sahara ist, wo immer die erforderlichen Steine vorkommen, übersät mit Denkmälern von sehr variabler Größe und Form. Ausgrabungen zeigen, daß in ihrer Mitte Menschen begraben wurden, deren Rang vielleicht die Ausmaße des Gebildes

151

bestimmte. Die menschlichen Knochen, die man hier sieht, kamen bei der Öffnung eines Hügelgrabes im Enneri Blaka zum Vorschein. Eine erste C^{14}-Datierung ergab die Jahrzahl 173 ± 50 n. Chr.

152, 153 Diese gemalten Wagen unterscheiden sich merklich von den gravierten der Bilder 149 und 150. Alle werden von zwei Pferden im fliegenden Galopp gezogen, aber die Räder weisen hier nur vier Speichen auf, und während der in dunklem Ocker gemalte Wagen aus dem Wadi Djerat (152; Länge 25 Zentimeter) hinter dem Lenker zwei schwer zu erklärende Höcker aufweist, läßt derjenige vom Fundplatz 6 von Teshuinat im Tadrart Acacous (153) keine Unklarheit in bezug auf die Plazierung des Lenkers aufkommen, der in einer Art Korb steht (Länge 42 Zentimeter).

154 Erstaunlich ist die verhältnismäßig geringe Zahl von Pferdedarstellungen, wobei allerdings in manchen Fällen die Unterscheidung von Pferd und Antilope schwerfällt. Diese Schwierigkeit wird durch die in rotem Ocker gehaltene Malerei von Jabbaren, Tassili n'Ajjer, illustriert. Die Zierlichkeit der Beine der dargestellten Rinderartigen kann die Vermutung aufkommen lassen, daß diejenigen der andern Tiere gleichermaßen reduziert seien und wir folglich Pferde vor uns hätten. Die Malerei ist 60 Zentimeter lang.

155–157 Das Hügelgrab stellt den einfachsten Typus in der langen Reihe sogenannter «libysch-berberischer» oder besser «vorislamischer» Grabdenkmäler der Sahara dar. In der gleichen Zeit finden sich neue Rohstoffe für die Schmuckfabrikation (155): Glasperlen treten erstmals auf, importierte marine Molluskenschalen. Die Halskette in der Mitte stammt aus dieser Epoche, während die zwei modernen Stücke, oben und links im Bild, die Formbeständigkeit der oft blau gefärbten Glasperlen bis zum heutigen Tag zeigen. Die Keramik ist wenig bekannt, aber das schöne Stück von Ehi Mounto (Niger), 25 Zentimeter hoch, beweist, daß das Handwerk wenigstens an einigen Orten, weit entfernt von einem Niedergang, einen ungewöhnlich hohen Grad der Perfektion erreicht hatte (156). Der schwarze, sehr homogene Ton hatte erlaubt, eine Keramik herzustellen, bei der die Wandstärke auf halber Höhe 3 Millimeter Dicke nicht überschreitet! Das großartige Grabmal von Djanet (algerische Sahara) hat einen Durchmesser von 25 Metern: Es vereinigt einen kegelstumpfförmigen Tumulus, innen mit Steinplatten belegte, konzentrische Kreise und einen geschlossenen Gang. Es entspricht dem sogenannten «Schlüssellochtypus» (157).

fühl. Dieses ist im Gegenteil eine ganz und gar anerzogene soziale Verhaltensform. Illustrationen, die altsteinzeitliche Menschen in Fellen zeigen, dürften zumindest für tropische und subtropische Klimaräume nicht zutreffen. Wann finden sich die ersten Gewebe in der Sahara? Man weiß es noch nicht. In Ägypten allerdings sind sie seit dem 3. Jahrtausend v. Chr. belegt, und die Keramik beweist die Existenz von Schnüren und Seilen im 4. und vielleicht schon im 5. Jahrtausend. Sicherlich wurden aber mit Beginn der erfolgreichen Bejagung von Großwild die Häute in ähnlicher Weise verarbeitet, wie dies heute noch in vielen Regionen Afrikas geschieht und wie es in der Sahara vor allem bestimmte Peulvölker tun. Kleidungsstücke aus Fell finden sich im Fezzan, Südlibyen, auch noch in vorislamischen Monumenten des 8. bis 10. Jahrhunderts. Nach ihrer Form zu urteilen, müssen ihre Träger einer hochgewachsenen, schlanken Rasse angehört haben. Ihr Erscheinungsbild dürfte identisch mit jenem der zähen, ausdauernden Harratiner gewesen sein, jener Schwarzen, die die Araber auf ihren Raubzügen aus dem Süden holten, um billige Arbeitskräfte für den Unterhalt der Oasen zu gewinnen. Ohne die Harratiner wäre die reiche Oasenkultur Nordafrikas übrigens kaum zustande gekommen.

Wenn auch vielleicht der Gebrauch von Geweben von den Ägyptern übernommen wurde, die verhältnismäßig hochentwickelte Ackerbautechnik des Niltals fand in der jungsteinzeitlichen Sahara nicht Eingang. Zwar könnten einige der Werkzeuge der Neolithiker für landwirtschaftliche Zwecke verwendet worden sein. Genau besehen hält jedoch keiner dieser Beweise für die Existenz eines wirklichen Ackerbaues einer kritischen Analyse stand. Tatsächlich fehlen weder Haue noch Querbeil, weder die Gewichtssteine von Grabstöcken *(digging sticks)* noch sichelartige Geräte aus Stein. Es gab vielleicht sogar so etwas wie den radlosen Pflug. Zu was aber konnte die Haue dienen? Um Stämme auszuhöhlen? Um den Ton zu gewinnen, den die Töpfer benötigten? Um nach eßbaren Wurzeln zu graben? Um die weißen «Trüffel» *(terfess)* heraufzuholen, von denen die Sahara noch immer nach jedem Regen voll ist? Die Chancen, diese Fragen richtig oder falsch zu beantworten, sind gleichmäßig verteilt. Der große, schwere Steinring, der als Gewicht auf den Grabstock gesteckt wird, findet sich heute noch in Abessinien und in Südafrika. Doch dieser Stock ist zugleich auch ein erster und ausgezeichneter Hebel. Er kann also ebenso gut benutzt worden sein, die für die Herstellung der Werkzeuge nötigen Steine oder die begehrte Jamswurzel *(Dioscorea)* freizulegen, wie dazu, den Boden umzugraben. Die sichelartigen Geräte beweisen zwar eine Pflanzenernte, und vielleicht bediente man sich ihrer in noch engerem Sinne, um Kräuter zu schneiden. Doch auch um ein Papyrusboot herzustellen oder eine Schilfhütte zu errichten, bedurfte es eines solchen Werkzeuges. Und schließlich können mit dieser «Sichel» auch einfach wilde Gräser wegen ihrer Ähren geerntet worden sein.

Selbst die so wichtigen und manchmal so schönen Zerkleinerungsgeräte liefern keine zufriedenstellende Antwort. Sie sind jedenfalls mit Sicherheit nicht das Handwerkzeug einer jungsteinzeitlichen Müllerzunft. Wir bemerken in ganz Afrika einen äußerst vielfältigen Gebrauch der Steinmühlen, Reibplatten und Mörser – man walkt damit Trockenfleisch, bis es weich ist, schlägt darin in Notzeiten die harten Nüsse der Doumpalme auf, deren

152

153

154

155

156

157

Kerne zu einem groben Mehl verarbeitet werden, man zerstößt damit getrocknete Heuschrecken und pulverisiert Heilpflanzen oder Henna und andere färbende Pflanzen. Keine dieser Verwendungsarten jedoch, deren Aufzählung fortgesetzt werden könnte, verlangt irgendwelche Kenntnisse des Ackerbaus.

Wir möchten ein letztes Mal betonen, wie sehr die Entwicklung des Ackerbaus in einer Primärwirtschaft davon abhängt, daß die Umwelt den Nahrungsmittelbedarf der Bevölkerung nicht ohne deren Zutun zu decken vermag. Und selbst dann ist die Nahrungsvorsorge in der frühen Gesellschaft selten. Am häufigsten gibt man ein Gebiet instinktmäßig auf, sobald sich seine Vorräte erschöpft haben, und wendet sich neuen Jagdgründen und Weiden zu. In einem Land mit tropisch feuchtem Klima und geringer Bevölkerungsdichte gibt es Früchte, Kerne, eßbare Wurzeln oder Zwiebel- und Knollengewächse in solchem Überfluß, daß man sich kaum vorzustellen vermag, wieso der Mensch sich die Mühe machen sollte, etwas anzubauen, das die Natur in Überfülle bereithält. Es ist jedoch möglich, daß sich der erste Eingriff des Menschen in seine Umwelt durch eine Vorstufe der Landwirtschaft äußerte, indem als nützlich betrachtete Pflanzenarten geschont oder gepflegt oder gar gepflanzt wurden, ohne daß bereits eigentliche Äcker bestellt wurden.

Obwohl Ackerbau als Weiterentwicklung dieser Erntekultur eigentlich die höhere Kulturstufe ist, lassen sich auch in unseren Tagen noch Nomaden beobachten, die die Seßhaften, die an ihr Haus, ein «Grab der Lebenden», gebunden sind, mit Verachtung behandeln. Sie weigern sich hartnäkkig, die Parzellen zu kultivieren, die ihnen von einigen afrikanischen Regierungen zugewiesen wurden, um sie an den Ort zu binden. Fragt man einen dieser selbstbewußten Nomaden – bedroht von einer absurden Erdölzivilisation –, warum er die Bebauung des Bodens ablehne, folgt eine herablassende Bemerkung über «Sklavenarbeit» und dergleichen. Dies entbehrt nicht der Größe und Anmut. Die Nomaden sind noch immer Viehzüchter und Jäger. Sie haben eine hohe Kulturstufe erreicht, obwohl sie vielleicht in alten und diesem Jahrhundert fremden Geisteshaltungen befangen sind. Ähnlich müssen wohl auch die ersten neolithischen Menschen gewesen sein, die die Sahara erobert haben. Tatsächlich kann man sich nur schwer vorstellen, wie sie diese gewaltigen Räume in so kurzer Zeit hätten überwinden können, wenn sie mit dem umfangreichen Hausrat von Seßhaften belastet gewesen wären.

Wie vollzog sich in der Folge der Prozeß ihres Seßhaftwerdens? Die Wahl unter den möglichen Antworten ist verwirrend. Die Berber, die sich unter dem Druck der Hillal-Invasionen (die seit dem 7. Jahrhundert n. Chr. über Nordafrika hinweggingen) in die Sahara zurückzogen, blieben Nomaden. Die Niloten dagegen, einige Jahrtausende früher, hinterließen überall unzweideutige Spuren einer festen Verwurzelung. Welche Bande verknüpfte die Harpunenhersteller des Wadi Tilemsi und die möglichen Vorfahren der Peul, die uns die großartige Bilderwelt der Rinderepoche auf den Felswänden des Tassili schenkten? Eine der möglichen Antworten auf unsere erste Frage wäre, daß die Einwanderer viel zahlreicher waren, als gemeinhin angenommen wird: allein der Bevölkerungsdruck würde die
158 verstreute Besiedlung erklären.

158–160 Häufiger denn als Wohnstätten sind gewisse Höhlen oder Abris als Kultstätten benützt worden. Diese Tatsache hat man schon bei der Kunst des europäischen Jungpaläolithikums festgestellt. Den gleichen Eindruck macht die Höhle von Ti-n-Zoumaïtak, Tassili n'Ajjer (158), aus der die Bilder 159 und 160 Details von außerordentlicher Bedeutung wiedergeben. Es fällt nicht schwer, sich in diesem Rahmen den einer Versammlung von Jägern vorsitzenden Zauberer vorzustellen, und man könnte sogar denken, daß die stufenförmigen Steine damals als Sitzplätze gedient hatten.

159

160

Der Mähnenspringer von Ti-n-Zoumaïtak (159) ist von merkwürdigen Gestalten umgeben, einer Art Meduse (Schirmqualle) auf der rechten Seite (was nicht undenkbar ist, denn es gibt solche in der Sahara) und einem sonderbaren Tier mit menschlicher Nase auf der linken. Die 72 Zentimeter hohe Gestalt vom gleichen Fundort, die zwei sackähnliche Gebilde an ihren Handgelenken und zwei viel kleinere Säcke an ihren Ellbogen befestigt hat (160), ist sicherlich eine Frau mit einer Körperbemalung, wie sie noch heute in Afrika zu finden ist.

161 Wenige Kilometer südwestlich von Djanet, auf einem gewaltigen Felsbuckel am Rande des Wadi Edjiriou, gibt es längs des gegen das Flußtal abfallenden Hanges eine merkwürdige, 20 Zentimeter breite, vollständig ausgeschliffene Rinne. Sie kommt vom Gipfel herunter und erstreckt sich bis in die Anschwemmungen hinein, die das Bett des Wadi aufhöhen. Wozu mag diese eigenartige Rinne gedient haben? Vielleicht zeugt sie von einem alten, mit Opferdarbringungen verbundenen Kult. Sie hätte dann dazu gedient, das Blut der Opfer abzuleiten ... Das ist natürlich nur eine Hypothese, aber unmöglich wäre es in einem derart von altertümlichen Kulten geprägten Land nicht.

162 Dieses Bild stellt uns wiederum vor ein Rätsel. Hält man sich an das Vorhandensein zweier Personen im Innern des einen Kreises (unten rechts), so könnte man annehmen, die merkwürdige, kreuzförmig angelegte Malerei stelle einen Dorfplan dar; aber sie kann durchaus auch einen magischen Sinn haben, der sich uns entzieht, denn der dunkle Kreis im Zentrum paßt sowenig in einen Siedlungsplan wie das eigenartige kreisförmige Zeichen schräg links darüber. Der Durchmesser dieses jedenfalls bemerkenswerten Werkes beträgt 67 Zentimeter. Fundstelle von Ouanrhert, Tassili n'Ajjer.

163–165 Die Bildfolge der Seiten 106 und 107 mag überraschen, ja schockieren. In unsern Augen trägt sie aber zum Verständnis der durch die fortschreitende Abnahme der Fruchtbarkeit in der Sahara hervorgerufenen Schwierigkeiten bei. Schon immer kam der Fruchtbarkeit und dem menschlichen Fortpflanzungsakt heiliger Charakter zu, und man muß sie von diesem Blickpunkt aus untersuchen.
Die gebärende Frau im Wadi Djerat, Tassili n'Ajjer (163), befindet sich vor einem Phallus. Sie trägt einen eigenartigen, vielleicht vom Orient (Ägypten?) her beeinflußten Halsschmuck. Man muß sie mit der ithyphallischen Figur von Bild 164 aus Azellouaz in der Nähe von Djanet (algerische Sahara) vergleichen. Der unförmige Kopf erinnert ein wenig an den eines Teufels. Diese Maske weist deutlich auf den rituellen Charakter der Gravierung hin, ebenso wie ihre Plazierung auf der Felswand.
Obgleich viel jünger, ist der gravierte Adorant von Djado (165) nicht uninteressant, denn man findet diese Gebetshaltung oft abgebildet. Die Vermutung liegt nahe, dieser «Teufelsmensch» sei ein Priester oder ein Zauberer. Man beachte die drei Antennen, die er auf dem Kopf trägt und die wahrscheinlich Federn darstellen. Höhe der Figur: 60 Zentimeter.

166 Der Mann mit dem Hundekopf, umgeben von einer gezackten Aureole oder einem Hut in der einst von den Landsknechten getragenen Form, ist klassisch. Diese Gravierung befindet sich im Wadi Mathendous (Libyen). Man muß sie mit dem «Teufel» von Azellouaz (164) vergleichen und sich zum Verständnis dem ägyptischen Pantheon zuwenden, wo die Götter Tierköpfe tragen. Das Werk ist 35 Zentimeter hoch.

167 Das große Wandbild von Ti-n-Lallan (Tadrart Acacous, Libyen) ist 3 Meter breit und 2,25 Meter hoch. Obschon mit neuzeitlichen Gravierungen und Inschriften in arabischen und tifinaghischen Lettern überzeichnet, ist es noch möglich, zwei rituelle Koitusszenen und einen anatomisch vollständigen Phallus zu identifizieren. Die Sexualorgane der beiden Frauen sind unter Benützung zweier Vertiefungen im Fels gestaltet worden. Der beschwörende Charakter dieser Darstellungen ist kaum in Frage zu stellen.

161

162

163

164

165

167

166

168

169

170

171

172

173

168–171 Die Jäger, die ein gerade erbeutetes Nashorn abschleppen (168), gehören zu den Felsgravierungen von In Habeter, Wadi Mathendous, Libyen. Man beachte die Qualität der Gravierung, sie entspricht derjenigen aus der Blütezeit des Naturalismus. Die mythologische Gestalt illustriert deutlich die magische Absicht hinter diesem Kunstwerk. Die Szene beweist, wie auch die vielen im Küchenabfall der Epoche gefundenen Skelettfragmente zeigen, daß solche Großtiere auf dem Speisezettel des neolithischen Menschen standen. Das Nashorn mißt von der Spitze des Horns bis zum Hinterfuß 1,25 Meter.
In der Nähe des Fundplatzes von Bild 168 gibt es Gravierungen, die eine ganze Reihe von hundsköpfigen Personen darstellen (169).
Noch merkwürdiger aber ist die authentische Darstellung einer Negermaske (170). Wenn diese Deutung bestätigt werden könnte, müßte man sich fragen, ob die afrikanische Maskentradition nicht neolithischen Ursprungs sei, wobei diese Masken beim Rückzug der Siedler aus der Sahara, als diese unbewohnbar wurde, weiter nach Süden gebracht worden wären. Höhe der Figur: 76 Zentimeter; Fundplatz von Ouanrhert (Tassili n'Ajjer, algerische Sahara).
Die Bedeutung der schönen Gravierung aus dem Wadi Mathendous (171) entzieht sich uns so vollständig, daß man sich wohl hütet, eine Interpretation vorzuschlagen, aber auch hier ahnt man den magischen Charakter des dargestellten Gegenstandes. Breite: 1,20 Meter.

172, 173 Es ist üblich geworden, die Gestalt rechts auf dem Fresko von Séfar (Tassili n'Ajjer) als «Gorilla» zu bezeichnen (172). In Wirklichkeit trägt die kleine Figur, wie so viele andere, eine Tiermaske, und wir befinden uns hier mitten im Reich der Magie. Einige haben in der zweiten Gestalt einen «großen Häuptling» sehen wollen, aber das ist reine Vermutung (173). Vom einen Ellbogen zum andern mißt der «Häuptling» 70 Zentimeter.

174–176 Um Magie geht es auch bei diesen Handnegativen (174) vom Fundort Jabbaren, ebenfalls im Tassili n'Ajjer. Man erhielt sie, indem man um die auf die Wand gelegten Hände weiße Farbe stäubte. Viel seltener sind Handgravierungen, wie die im Tadrart Acacous in Libyen entdeckte von Bild 175. Doch nicht immer läßt sich der gewollte Esoterismus der von den neolithischen Menschen abgebildeten Gegenstände durchschauen. Davon zeugt diese eigenartige Gravierung aus dem Wadi Mathendous, Libyen (176), die ihr Geheimnis nicht preisgibt. Höhe 51 Zentimeter.

176

174

175

Obgleich wir in der Felskunst eine Rinderepoche unterscheiden, waren die Menschen auch dieser Zeit sicherlich Hirten und Jäger zugleich. In ihren Bildern finden sich sowohl Jagdszenen wie Darstellungen ihrer Herden, was eine Besiedlung in zeitlich wie örtlich getrennten Zügen möglich erscheinen läßt. Warum aber ist diese Verschiedenheit der Herkunft anhand der aufgefundenen Skelette so schlecht zu belegen? Zweifellos, weil die rassische Zusammensetzung der verschiedenen Völker nicht sehr variierte.

Woher kam der große Viehbestand der Bewohner des Tassili? Entstand er durch Domestikation eines lokalen Wildrindes oder waren es eingeführte Herden, die zum Beispiel aus der Nilgegend stammen könnten? Wir wissen wieder nicht eben viel. Wenn auch die Sahara als ein möglicher Herd der Domestikation gelten kann, so ist doch der Vorsprung Ägyptens auf diesem Gebiet nicht zu übersehen. Es ist geradezu erstaunlich, was für «Haustiere» in der ägyptischen Bilderwelt erscheinen: Hyänen, Schakale, Antilopen und andere als wild geltende, hier aber in Gefangenschaft aufgezogene Tiere. Man ist daher zu glauben berechtigt, daß am Anfang ein Großteil der Tierwelt Domestikationsversuchen unterworfen wurde, bis sich durch Erfahrung herausschälte, welche Arten sich am besten in den Zustand der Abhängigkeit vom Menschen fügten. Die Hauskatze etwa ist sicherlich ein Geschenk Ägyptens. Und was unsere tassilischen Freunde angeht, so sehen wir sie auf den Felsbildern mit Hunden jagen, deren Merkmale sie eindeutig als die direkten Vorfahren des heutigen nordafrikanischen Windhundes, des Slughi, ausweisen.

177

177 In Abada, zwischen Zouar und Faya im Tschad, gibt es eine merkwürdige, sehr alte Nekropole, in der das Geschlecht der beigesetzten Toten durch die Form der flachen Steinstelen von ungefähr 1,30 Meter Höhe ausgedrückt wird. Die für Männer bestimmten sind oben abgerundet, während die für Frauen in der Scheitelmitte eine leichte Spalte aufweisen. Das Überleben dieses Brauches ist in mehreren Ländern belegt, aber hier ist er sehr alt, sicher vorislamisch . . . Diese Betonung des Geschlechtsdimorphismus hängt zweifellos mit Magie zusammen, denn bei entwickelten Völkern findet man sie nur noch sehr selten.

Die Jäger des Tassili haben uns, wie übrigens auch jene der andern neolithischen Saharavölker, eine reiche Sammlung von Pfeilspitzen hinterlassen, deren Schönheit, Formenreichtum und intelligente Konstruktion immer wieder überraschen. Man hat Hunderttausende bereits gesammelt, es bleiben aber glücklicherweise noch Millionen. Obwohl man sie summarisch als Pfeil-*Spitzen* bezeichnet, sind sie durchaus nicht immer spitz. Interessante Entdeckungen haben gezeigt, daß dreieckige Pfeilspitzen oft mit einer Ecke ins Schaftholz eingelassen waren, so daß die «Spitze» eine quer zum Pfeil stehende Schneide bildete. Darüber ist nur erstaunt, wer die vierkantigen Bolzen schwerer mittelalterlicher Armbrüste nicht kennt. Das Gewicht dieser furchterregenden kleinen Wunderwerke variiert beträchtlich: Die kleinsten wiegen kaum ein Gramm, die größten erreichen 15 bis 20 Gramm. Was darüber hinausgeht, gehört bereits zur Sagaje- oder Speerspitze.

Ballistische Versuche zeigen, daß die Schützen je nach Ziel über mehrere Pfeilarten verfügten. Bei gewissen Fundstätten herrscht jedoch oft eine bestimmte Form vor. Sehr kleine, schlanke Pfeilspitzen waren beispielsweise lediglich für ein tiefes Eindringen in das Opfer vorgesehen. Die oben erwähnten mit Querschneiden verursachten sicherlich sehr schwere Wunden, die das Opfer durch den großen Blutverlust schwächten.

Da der Mensch schon immer des Menschen Wolf war, diente ein Teil der Waffen sicherlich auch kriegerischen Zwecken. Im wesentlichen aber zeigen ihre Merkmale, daß eine jahrhundertelange jägerische Tradition sie formte, bis sie ihrem Zweck vollendet gerecht wurden. Wie jagten die neolithischen Menschen? Die Felsbilder zeigen sie uns in mehreren Stellungen. Bei der häufigsten hält der Jäger in der linken Hand gleichzeitig den Bogen und mehrere Pfeile, während die Sehne durch eine weite Rückwärtsbewegung des rechten Ellbogens gespannt wurde. Der Köcher findet sich häufig, und auch den doppelgekrümmten Bogen – ein technisches Meisterwerk – scheint es gegeben zu haben. Die Hetze des Wildes ist oft hervorragend dargestellt. Analysiert man den Boden einer neolithischen Siedlung, so findet man häufig große Knochensammlungen, die mit Asche, Keramikscherben oder Werkzeugen vermischt sind. Diese Knochen stammen meist von heute ausgestorbenen Büffeln (Gattung *Homoioceras*), Mähnenspringern, Stachelschweinen usw. So fand man solche Knochenhaufen in Méniet, wobei sie hier eindeutig als Überreste von Mahlzeiten liegenblieben. Doch ist anzunehmen, daß im allgemeinen nicht nur das Fleisch, sondern auch die Häute und Knochen verwertet wurden, wobei man letztere zersägte, spaltete, polierte und zu Nadeln, Sticheln, Dolchen, Töpfergeräten, Harpunen und Angelhaken verarbeitete.

Bei den Funden von In Guezzam dominieren zwar noch Rinder und Ziegen, hinzu kommt jedoch noch eine außergewöhnliche Menge von Gräten großer Welse. Im Adrar Bous, am Ostrand des Aïr-Gebirges, hingegen werden die Ablagerungen vor allem von Flußpferdknochen gebildet. Hier ist die Folgerung erlaubt, daß diese jungsteinzeitlichen Jäger bereits Großtierfallen zu bauen wußten, wie es noch heute afrikanische und asiatische Jägervölker tun, hätten sie doch mit ihren leichten Steinwaffen sonst kaum so wehrhafte Tiere überwältigt. In einigen Fällen kann übrigens mit ziemlicher Wahrscheinlichkeit auf Kannibalismus geschlossen werden. Zumindest bei zwei Fundstätten entdeckte man in der Asche der Feuerstelle Teile menschlicher Schädel, die eindeutig mit Steinen zertrümmert worden waren!

Ein erfreulicherer Nahrungserwerbszweig der Jungsteinzeit war der Fischfang, der nach den vorhandenen Indizien eine beträchtliche Bereicherung des Speisezettels dargestellt haben muß. Die damaligen Fischer benutzten zweifellos bereits Papyrus- oder Schilfboote, Vorläufer des Bootstyps, der noch vereinzelt auf dem Tschadsee verwendet wird, des *kadeis*. Anzeichen für den Gebrauch von Netzen durch die neolithischen Fischer fanden sich bis jetzt allerdings noch nicht.

Könnte der Prozeß des Seßhaftigwerdens der Neolithiker wirklich mit ihrer Beschäftigung als Viehzüchter, Jäger und Fischer begonnen haben? Steht fest, daß es dieselben Menschen waren, die im Mouydir, im Wadi Eched und im Wadi Tilemsi siedelten? Vielleicht. Wir können es noch nicht bestätigen. Es wird noch umfangreicher Arbeiten bedürfen, um endlich eine annehmbare Zeit- und Siedlungstafel erstellen zu können. Für den Augenblick aber sind wir in manchem noch auf Hypothesen angewiesen.

Kommen wir schließlich zu einem weiteren entscheidenden Aspekt jungsteinzeitlicher Kultur: Ausprägung sozialer Strukturen. Davon zu sprechen, verbietet sich dann nicht, wenn man das Thema mit gebührender Vorsicht behandelt. An vielen Orten lassen sich beeindruckende Manifestationen erster dörflicher Organisationsformen feststellen.

In Nordmali befindet sich in der Nähe des Wadi Eched eine Gegend, wo Töpfer getrennt von der übrigen Gemeinschaft gelebt haben. Das Funda-

178

178, 179 Für einfache Gemüter ist es nicht so leicht, zwischen dem Gegenstand und dem Sinn, den man ihm zuschreibt, sowie der Gebärde und deren Bedeutung zu unterscheiden, und um in einem so gefährlichen Bereich nichts dem Zufall zu überlassen, ist es am besten, alle Überlieferungen, die von der offiziellen Religion gebotenen miteingeschlossen, zu respektieren, wie es dieser muselmanische Schwarze (178) in Timbuktu tut, der, vorschriftsgemäß gegen Osten gewendet, ein Huhn tötet und dazu das rituelle «bis millah!» ausspricht. Doch es sind die Kaurischalen *(Cyprea moneta)*, die die beständige Grundidee einer Anrufung der Fruchtbarkeit in einem so vom Hunger bedrohten Land wie der Sahara am besten illustrieren (179). Doch auch hier ist die ursprüngliche Bedeutung des Gegenstandes – Symbol des Weiblichen – häufig verlorengegangen; der Führer von Tichitt (Mauretanien), der es trägt, kennt sie jedenfalls nicht.

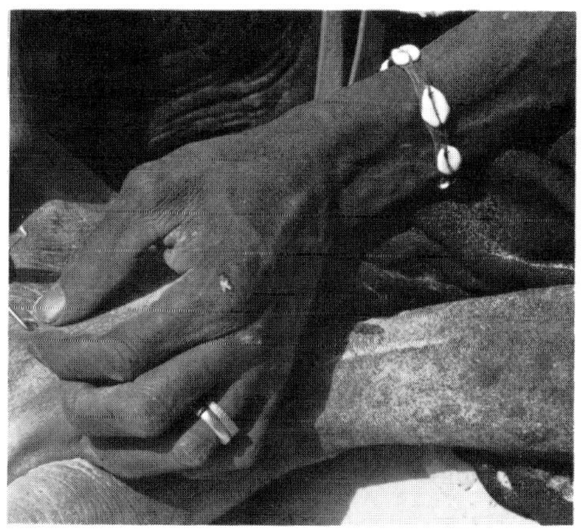
179

Sahara: Niederschlagskarte

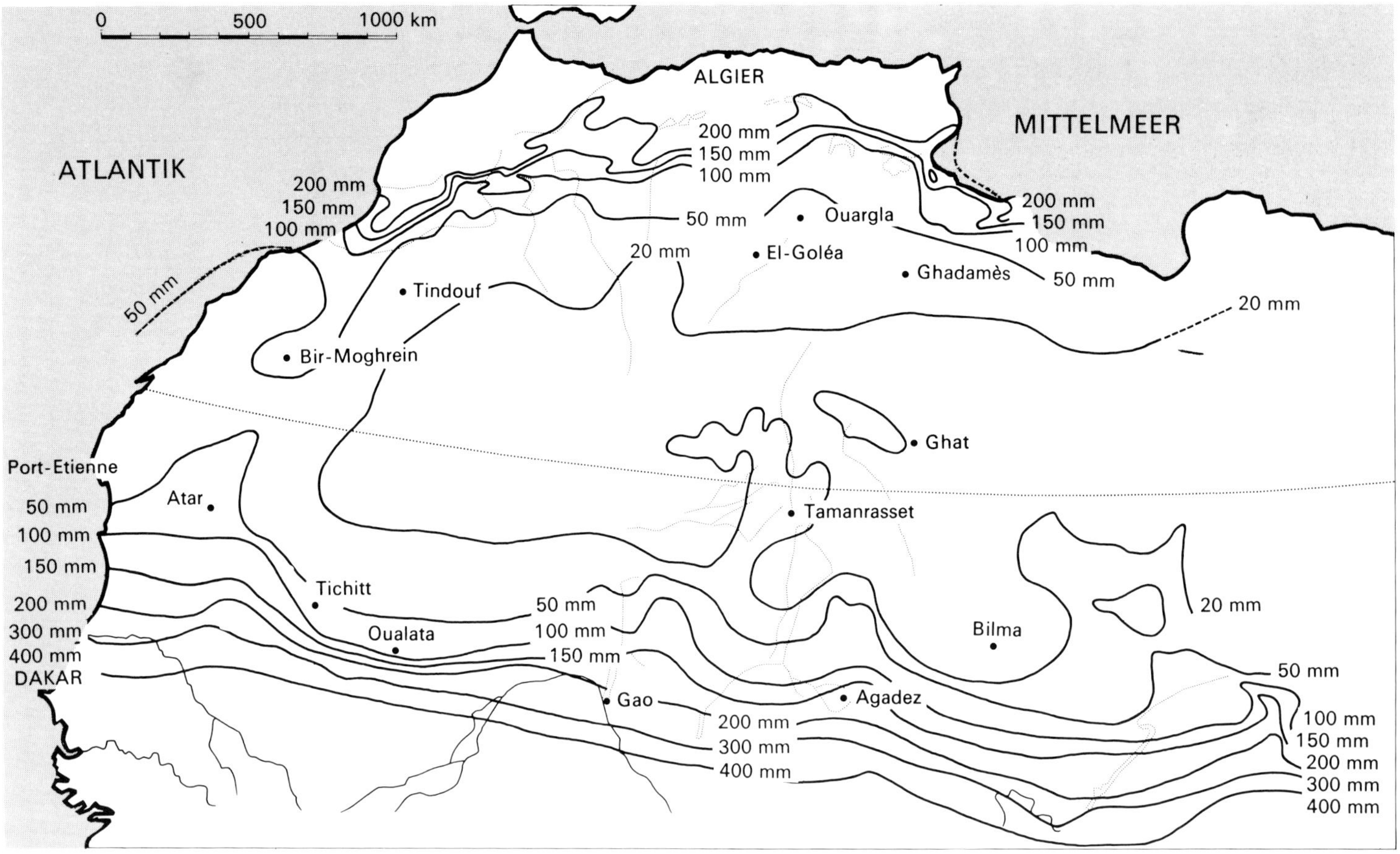

Mutmaßlicher Wasserhaushalt der Sahara im Quartär

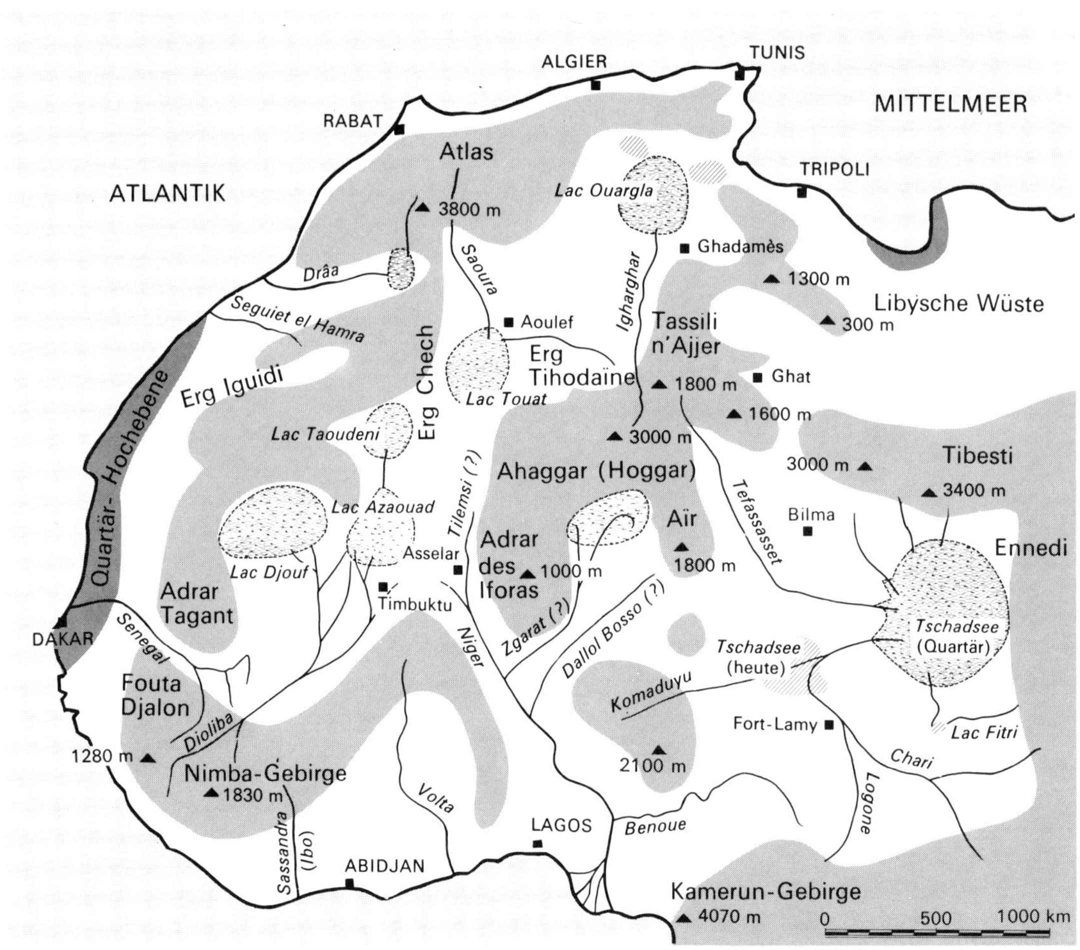

180

ment der Öfen ist noch soweit zu sehen, daß sich etwa zwanzig Feuerstellen identifizieren lassen. Große, ausgeglühte Backsteinstücke lassen auf Feuermauern schließen. Unzählige Gefäßscherben beweisen, daß diese Künstler würdige Nachfolger der Töpfer von Es-Schaheinab waren. Zwar ist bei der Keramik die kugelige Form, die von einem kleinen, wulstartigen Hals unmittelbar an der Öffnung überragt wird, am häufigsten, doch finden sich viele Abwandlungen. Der Hals kann breit sein oder abgerundet überhängen, er kann gerade hochgezogen und dann leicht nach außen gekrümmt oder geschweift sein usw. Der verarbeitete Ton ist von vorzüglicher Qualität, als Bindemittel diente im allgemeinen fein zerstoßene gebrauchte Keramik. Die Dicke der Tonwaren beträgt bei den feinsten Gefäßen einige Millimeter und reicht bei den Böden der großen Tonkrüge bis zu drei Zentimetern. Was das Brennen anbelangt, so muß man es wohl selbst einmal versucht haben, um die Arbeit der jungsteinzeitlichen Töpfer gebührend würdigen zu können. Die Tönung der gebrannten Keramik reicht je nach verwandtem Ton von Rosa bis Dunkelbraun. Angußmassen zur Glättung der Oberflächen wurden, wenn auch sehr selten, ebenso verwendet wie Lacke auf wahrscheinlich pflanzlicher Basis. Meisterschaft erreichten die jungsteinzeitlichen Töpfer jedoch bei der Veredlung ihrer Produkte durch dekorative Motive. Sie benutzten die verschiedensten Modelliergeräte aus Knochen und Stein, aus Holz und Fischgräten usw. und schufen trotz der relativ begrenzten Zahl von Grundmustern wahre Meisterwerke: Punkte, Linien in durchlaufender, gebrochener oder geschwungener Form, Abdrücke verschiedenster Materialien, so von Hirseähren, Schnüren

180 Wasser ist eine unbedingte Notwendigkeit, aber im allgemeinen ist es weder so rar noch so unerreichbar, daß man nicht in seiner beruhigenden Nähe leben könnte. Das reizende Bild der Wasserträgerinnen von Tébaram, zwischen Tahoua und Filingué (Niger), führt uns eine Hauptbeschäftigung der Saharanomaden vor Augen: sich die wertvolle Flüssigkeit zu beschaffen, sie zu transportieren und aufzubewahren. Die Kalebassen deuten auf einen halbseßhaften Stamm, denn der Karawanentreiber bedient sich eines aus Ziegenhaut gefertigten Schlauches, der berühmten *gerba*. Vor jedem Aufbruch ist sie es, die alle Aufmerksamkeit beansprucht: Man lädt jedem Kamel eine auf, um zu verhindern, daß alle zusammen verlorengehen oder beschädigt werden, man begutachtet ihren Zustand, ihre Nähte, die Riemen, die ihren Verschluß halten, und die Stricke, an denen sie hängt. Zu Recht – kann doch eine einzige Nachlässigkeit den Tod bedeuten.

181 Der Boden wird nach dem Regen bald wieder zu einer kranken Haut, deren klaffende Schrunden nach der so seltenen Wohltat eines Gusses verlangen. Dennoch bringt die geringste in der Erde aufbewahrte Feuchtigkeit das packende Wunder des Lebens hervor: In kürzester Zeit keimt eine Pflanze und stößt kräftig ihren jungen Stengel gegen den Himmel. Doch schon nach wenigen Tagen ist sie verblüht und bildet Samen, und dann folgt die Rückkehr in den unermeßlichen Staub der Sahara, das lange Warten auf den unsicheren Regen.

181

182–186 Der Himmel über Smara (Spanische Sahara) ist drohend (182). Die Karawane zeichnet sich vor dem grandiosen Hintergrund des Gewitters wie ein chinesisches Schattenspiel ab. Ob die Wolken wohl bersten? Das wäre übrigens nicht ungefährlich: Man hat in Betten von Wadis fürchterliche Springfluten mit der Geschwindigkeit eines Eisenbahnzuges herankommen und auf ihrem Weg alles wegreißen sehen. Der Wadi Ouaâr (Südmarokko) fließt, und das Wasser läuft rasch in seinem felsigen, abgetreppten Bett (183). Die Erde nimmt es übrigens nur langsam auf, weil im Bett der sich verlierenden Flüsse oft Ton abgelagert ist, wie man es hier bei Chinguetti, Mauretanien (184), oder auf der Piste zwischen El Beyed und Ouadane, ebenfalls Mauretanien (185), sieht. Doch wenn aufgrund eines – wirklich seltenen – Zufalls eine Quelle aufspringt, dann sprießt eine wunderbare Vegetation: Quelle von Terjit, Mauretanien (186).

oder Körnern. Mit so bescheidenen Hilfsmitteln entstand unter ihren begabten Händen ein Reichtum an Motivvariationen, der heutige Töpfer beschämen kann.

Eine Frage, die sich nun aufdrängt, ist jene nach der Funktion dieser Gefäße. Wir besitzen auch darauf noch keine endgültige Antwort, jedoch zeichnen sich aus mehreren gesicherten Fällen einige Möglichkeiten ab. Die Pollenanalyse in älteren neolithischen Ablagerungen beweist die Häufigkeit von Bäumen des gemäßigten Klimas, so etwa der Linde oder des bereits erwähnten Zürgelbaums. Seine Früchte wurden vielleicht nicht nur roh oder getrocknet gegessen, möglicherweise wußten bereits die Neolithiker daraus ein alkoholisches Getränk herzustellen, wie es bis in unser Jahrhundert in gewissen Gebieten Spaniens üblich war. Man fand zweimal, und zwar an verschiedenen Orten, große neolithische Gefäße, die noch mit erbsengroßen, leicht bitter schmeckenden Kernen gefüllt waren. Dies beweist, daß eine Art Obstlese praktiziert wurde, und ist zugleich gesichertes Indiz für zumindest einen der zahlreichen möglichen Verwendungszwecke der Tonwaren. In Méniet, wo vor allem Knochenbruchstücke überwiegen, zeigen Töpfe im Innern Kalkspuren, so daß auf das Kochen von Fleisch geschlossen werden kann. Nicht weit von Termet enthält eine Feuerstelle fast ausschließlich Fischgräten und Muschelschalen, die mit Tonscherben vermischt sind. Es läßt sich vorstellen, daß Fisch und Muscheln im Sud zubereitet wurden.

All diese Mosaiksteine fügen sich langsam zu einem wenn auch unvollständigen Bild, das nicht ganz mit den traditionellen Vorstellungen über eine Jäger- und Sammlerkultur übereinstimmt. Unsere Jäger sind zwar wirkliche Jägervölker, indem sie vom erlegten Wild gelebt haben. Dennoch müssen sie wenigstens zum Teil seßhaft gewesen sein. An dem Ort, an den sie gebunden waren, zeigten sie sich sehr geschickt im Ausbeuten zusätzlicher Nahrungsquellen. Ihr Speisezettel scheint von Muscheln bis zu Früchten gereicht zu haben, und weitgehende Untersuchungen dürften noch viele andere Geschmacksrichtungen aufdecken, die einen europäischen Gourmet sicherlich überraschten.

Ein Schluß wäre allerdings voreilig. Wenn auch die ersten Eroberer Wildrinder oder Flußpferde gekannt haben, gibt es doch keine Anhaltspunkte dafür, daß sie diese zu domestizieren versuchten. In einem an Wild und Fischen, Gemüsen und Früchten reichen Land besteht keine zwingende Notwendigkeit, Herden zu halten, die im Grunde nur eine Eiweißreserve sind. Von dem Zeitpunkt an jedoch, da das Wild seltener wurde und die Jagdzüge immer weiter ausgreifen mußten, begannen sich die Vorzüge einer Tierhaltung abzuzeichnen. Vor allem dann aber, wenn man über größere Distanzen in fruchtbarere Regionen hätte ausweichen müßen, um zu überleben, oder wenn diese bereits von stärkeren Stämmen besetzt waren. Der Prozeß, in dem die Jäger und Sammler zu Hirten wurden, muß jedenfalls sehr lange gedauert haben. Diese Wandlung dürfte je nach Umweltdruck in den verschiedenen Gebieten der Sahara zu unterschiedlichen Zeiten eingetreten sein.

Die Nachfahren der Jäger mußten eigentlich aus den von Generation zu Generation weitergegebenen Erzählungen wissen, wie reich die Sahara 182

183

184

185

186

187

gewesen war, als ihre Ahnen dort ankamen. Beunruhigt mußten sie vor allem die um sich greifende Trockenheit verfolgt haben, als die ehemals regenreichen Wolken selten zu werden begannen. Dieses Drama ist sogar dem Boden eingebrannt, und uns sind damit seine Spuren bewahrt. Die Siedlungen folgen dem zurückweichenden Wasserspiegel der großen Seen und finden sich jetzt in den Ebenen statt an den Berghängen.

Wir erwähnten bereits, daß die Angst vor der Trockenheit, die sich in der Beschwörung der Fruchtbarkeit äußerte, Grundlage eines ersten religiösen Kultes ist, wenn man den Begriff Religion auf diese ersten tastenden Versuche, die unbekannten und die Welt regierenden Mächte gnädig zu stimmen, anwenden darf. Vielleicht gab diese Bedrohung die Anstöße zu einigen der hervorragendsten Erfolge im Neolithikum. Zweifellos gab sich der Mensch nicht mit der Flucht vor der zurückweichenden Vegetation zufrieden. Wenn er also Tiere fing und sie zähmte, dann wohl vor allem, um sich eines kostbaren Mittels zum Überleben zu versichern.

Es ist anzunehmen, daß sich zur gleichen Zeit auch die höhere Stufe der Sammlerkultur, die Erntekultur, allgemein durchsetzte, indem bestimmte Pflanzenarten sowieso schon am Rand der Siedlungen wuchsen oder aber, daß diese in die Nähe von Nährpflanzenbeständen verlegt wurden. Allerdings hat die Pollenanalyse nirgends Korn nachweisen können, ebenso keine der Grasarten, von denen sich zur gleichen Zeit die Bewohner des Mittleren Ostens ernährten. Wilder Reis dagegen kam häufig vor, gleicherweise Hirse, noch heute ein Grundnahrungsmittel Afrikas.

Nach und nach wurden die Jäger also zu Hirten. Dieser so schlichte Satz ist unendlich schwierig zu beweisen. Dazu müßen wir auf das einleitend Gesagte zurückgreifen, als wir betonten, wie wenig gemeinsame Züge die vielfältigen Gesichter der Sahara haben. Es wurde vielleicht nicht genügend betont, welche klimatische Bedeutung in einem solchen Land der Höhendifferenz zukommt. Tatsächlich nehmen die Gebirgsmassive der Sahara insofern eine Sonderstellung im Elend der Wüste ein, als sie ein wenig mehr an Feuchtigkeit und Frische zu speichern vermögen als die Tiefebenen oder die verbrannten Regs. Dieser Unterschied war in der zweiten Periode des Neolithikums noch deutlicher zu spüren. Die Trockenheit zwang die Abkömmlinge des Capsien-Kulturkreises, in der Nähe der Wadis zu bleiben. Sie erklärt vielleicht auch, warum sie nicht tiefer in den Süden vorgedrungen sind. Die Neolithiker sudanesischer Tradition dagegen stießen den Bergen entlang weit gegen Norden vor und erreichten in Ausläufern fast das Mittelmeer. Man kann daher sagen, daß sich die Savanne der Ebenen schon sehr gelichtet hatte und der Wasserspiegel der Seen bereits beträchtlich zurückgegangen war, während sich das Hoggar- und das Tibestimassiv eines relativ milden Klimas erfreuten und noch ausreichende Feuchtigkeitsreserven besaßen. Wie könnten sich auch anders die geographischen Grenzen erklären, in denen die Malereien der Rinderzeit auftreten? Sie sind – wie schon erwähnt – auf das Massiv des Tassili n'Ajjer beschränkt. Sicherlich haben die gleichen Künstler sich auch anderswo aufhalten können, scheinen jedoch dort die «Leinwand» nicht vorgefunden zu haben – etwa in den Ebenen, in denen passende Felswände fehlten –, oder es müssen andere, unbekannte Anstöße ausgeblieben sein, denn merkwürdigerweise findet sich in keinem der angrenzenden Bergmassive eine

187 Der Brunnen! Wie jeder Brunnen in der Wüste ist der von Hassi Méniet (Immidir, Algerien) ein bevorzugter Punkt, wo alle Nomaden zum Kampieren zusammenkommen. Aber in der Unendlichkeit der großen Wüste ist der Brunnen auch das Geheimnis der Eingeweihten: Finde ihn, wenn du kannst! Je nach Örtlichkeit reicht er in 10, 20, 50, ja 100 Meter Tiefe. Der Unglückliche, der sich mit einem zu kurzen Seil ins Abenteuer begeben hat, läuft Gefahr, an seinem Rand zu verdursten, wenn er nicht den Mut aufbringt hinabzusteigen, indem er sich die von den kühnen Brunnenerbauern angebrachten alternierenden Tritte zunutze macht. Übrigens ist der Lohn für soviel Mühe oft sehr mager, denn klares und reines Wasser ist rar, und oft hebt der Eimer nur eine grünliche, stinkende, salzige, untrinkbare Brühe! . . . Man beachte, daß der Brunnenkranz durch vier gekreuzte, auf den nackten Boden gelegte Aststücke ersetzt ist.

188

188 Die junge, reichgeschmückte Bororofrau, die direkt aus der Kalebasse mit der feinen Verzierung Wasser aus dem Brunnen von Ibeceten, zwischen Tahoua und Abalak im Niger trinkt, wird ihr Gefäß, sobald sie ihren Durst gelöscht hat, ihrem Nachbarn weiterreichen. Das ist eine traditionelle Geste in der Sahara.

gleich großartige Bilderwelt. Die Schöpfer der Rinder-Bilder haben im Tassili gelebt, und wenn Spezialisten ihr Auftreten auch an anderen Orten belegen zu können glauben, so hat sich dies doch niemals durch eine Malerei von ähnlich auffallender Farbschönheit manifestiert. Wir haben die Schwierigkeiten bei der zeitlichen Einordnung der Bilder bereits erwähnt. Doch wenn auch eine absolute Chronologie fehlt und die Klassifikationsmodelle nur relativen Charakter haben können, die Hirten, um deren kulturgeschichtliche Stellung es hier geht, sind klar erkennbar: Man kann ihre Bekleidung beschreiben, ihre Waffen studieren, und ihre Hunde sind noch dieselben, die heute den Besucher in einem Peul-Lager empfangen. An die Peul erinnern ebenso Profil, Haltung und Folklore dieser dargestellten Menschen.

Fragt man übrigens einen heutigen Peul, was er über diese Ähnlichkeit denkt, zeigt er nicht nur keinerlei Erstaunen über ein solches Ansinnen, sondern interpretiert anscheinend mühelos die geheimnisvollen Zeichen auf den vielen Felsbildern, die sich unserem Verständnis entziehen. Diese Erfahrung stimmt nachdenklich . . . Wer sind die Peul, die uns aus dem Urgrund der Zeit eine so mächtige und faszinierende Kultur übermitteln? Um die Wahrheit zu sagen, das Mysterium ihrer Herkunft besteht für sie selbst nicht weniger als für uns. Diese alten Afrikaner sind keine Neger und in manchen Zügen geradezu verschieden von ihrem südlichen Nachbarn. Ihr Ursprung muß sicherlich im Osten gesucht werden, wobei nicht feststeht, ob nun ihre Gemeinsamkeiten mit den alten Ägyptern oder mit den Äthiopiern überwiegen. Die Feinheit ihrer Züge ist auffallend. Sie sind mehr kupferbraun als schwarz; ihre Stirn ist glatt und hoch; die Nase gerade, mit kleinen Nasenflügeln, und dem Gebiß fehlt die charakteristische Prognathie, das Vorstehen des Unterkiefers, der negroiden Afrikaner.

Auch wenn die wissenschaftlichen Beweise noch ausstehen, bleibt eigentlich kein Zweifel, daß die auf den Felswänden des Tassili abgebildeten Hirten die Vorfahren der heutigen Peul sind. Wie jene folgen auch diese gewaltigen Rinderherden (Zebus) und werden von Hunden begleitet, den Slughis, deren charakteristischer Ringelschwanz sich auch auf den Felsbildern wiederfindet. Wie jene tragen auch sie den Bogen als Waffe gegen Raubwild, und ihre Fellkleider gleichen den auf jungsteinzeitlichen Malereien abgebildeten.

Es scheint uns nötig, daß eines Tages Ethnologen und Vorgeschichtler ihre Beobachtungen miteinander vergleichen, damit die Geschichte der Peul endlich geschrieben werden kann. Dies dürfte zweifellos zur Beilegung des alten Streits um den technischen Gehalt des Neolithikums beitragen. Ein wenig eigenartig ist es schon, daß der Peul hauptsächlich von Milch lebt, aber Käse nicht kennt, daß er zwar die Seile, die er für seine Herden braucht, herstellt, nicht aber Keramik. Außerdem – und dies ist wohl der wichtigste Punkt – ist er nicht Viehzüchter im üblichen Sinn des Wortes. Er züchtet nicht, um Vieh zu verkaufen. Für ihn ist allein die Stückzahl seiner Herde ein Zeichen von Reichtum, und alle Marktgewohnheiten haben sich danach zu richten. Die verschiedenen Staaten, in deren Hoheitsgebiet die Peul leben, haben lange und meist vergeblich versucht, die Eigentümer großer Viehbestände zum regelmäßigen Verkauf ihrer

189

189 «Der Baum des Ténéré» ist in Wirklichkeit der Name zweier berühmter Brunnen, die dem Reisenden früher von einer – heute verschwundenen – Dornakazie angezeigt worden waren. Beide Brunnen sind 39 Meter tief. Hier hat ein Tubu mit einem *dellu*, einem Sack aus weichem Leder, den ein Holzring offenhält und der anstelle eines Kessels verwendet wird, Wasser aus dem einen Brunnen geschöpft.

190 Die Sahara ist nur für die eine Wüste im eigentlichen Sinn des Wortes, die sie nie gesehen haben. Der geringste Regen, die armseligste Feuchtigkeit und das kleinste Wasserloch erlauben bereits eine Vegetation, die den Reisenden immer wieder erstaunt. Und wieviel Leben entwickelt sich dann um die frisch aufgegangene Pflanze . . . Selbst der Wind nötigt die schwachen Stengel des «Gazellengrases», seine allzu beständige Richtung einzuzeichnen, indem er sich statt eines Kompasses ihrer bedient (Enneri Blaka, Niger).

190

191

192

193

194

Produktion zu bewegen, damit die Stückzahl der Herden stabil und dem Futterangebot angepaßt bliebe. Es wird jedoch noch lange Zeit brauchen, diese uralten Traditionen zu überwinden. Bis jetzt war den Peul nur bei großen Festen oder bei Hochzeiten erlaubt, ein Rind zu schlachten. Die Hochzeiten wiederum fielen im allgemeinen mit dem Beginn der Regenzeit zusammen. Das von einem strengen Ritual festgelegte Schlachten und Verteilen des Tieres zeigt deutlich, in welchem Maß die Peul von einer Jahrtausende dauernden Viehzüchtertradition geformt wurden und wie sehr sie ihr verhaftet bleiben. Bei den Bororo, einer der geschlossensten Peulgruppen, findet sich noch eine weitere rassenbezogene Konstante: das geradezu extreme Verlangen nach Schönheit. Die *Guéraoul* ist das große jährliche Stammesfest, in dessen Verlauf die schönsten Männer gekürt werden. Ist es nicht wiederum ein stets waches Gefühl für Schönheit, das einem beim Betrachten der Tassili-Felsbilder als erstes auffällt. So grausam die Konsequenzen dieses Schönheitskultes auch gewesen sein mögen, er ist nichtsdestoweniger der ästhetische Ausdruck einer ebenso alten wie echten Kultur.

Man müßte sich lange mit den Peul beschäftigen, wollte man durch sie ihre reiche Vergangenheit entschlüsseln. Heute leben sie in einem engen Savannenstreifen zusammengedrängt, dessen Nordgrenze der Sand, die südliche das Verbreitungsgebiet der Tsetsefliege zieht. Ihre Wanderwege werden durch die Weidemöglichkeiten bestimmt. Während der Trockenzeit (vom Oktober bis Ende Mai) findet man sie im Süden; während dieser Zeit ist ihre wichtigste Aufgabe die Wassersuche für ihre Tiere. Anfang Juni jedoch, wenn mit dem ersten Regen wie von Zauberhand erweckt Gräser und Blumen emporschießen, treten sie den Weg nach Norden an. Die Frauen beladen Lastochsen mit dem Lagermaterial, und der Stamm reist einer etwa fünf Monate dauernden Zeit des Wohlstandes entgegen. Der «Hausrat» der Peul besteht zum größten Teil aus Kalebassen und Lederschläuchen für den Wassertransport. Bis zu einem gewissen Grad sind die Peul die Erfinder jener Überlebenstechniken, die erst die großen Karawanenzüge durch die Sahara ermöglichten. 1957 trafen wir mitten im Hoggar einen Harratinerschäfer, der allein an der Spitze seiner Ziegenherde von Timbuktu (Tombouctou) gekommen war. Er zog dann noch weiter bis In Salah (bereits in Luftlinie eine Distanz von 1700 Kilometern). Seine Ausrüstung: ein schartiges Messer und eine Ein-Liter-Weißblechdose, die an einen geflochtenen Lederriemen baumelte. Sein einziges Getränk, und zugleich seine einzige Nahrung, war die Milch seiner Ziegen.

Unsere neolithischen Hirten kannten natürlich noch kein Metall. Was aber den Rest angeht, so läßt sich gut vorstellen, daß sie ungefähr wie die heutigen Peul lebten. Sie waren dem unabänderlichen Zwang der jahreszeitlichen Wanderungen vielleicht noch weniger unterworfen, da es ja damals noch bedeutend weniger trocken war als heute. Die Herde war das Zentrum des Lebens. Zweifellos verdanken die heutigen Peul den jungsteinzeitlichen Hirten ihren etwas festgefahrenen, starren, aber rührend wirkenden Sinn für Würde. Abgesehen von der Sorge um die Tiere steht den Peul die ganze Zeit zur Verfügung, dem geheimen Sinn der Dinge nachzuforschen. Sie wissen, daß Stärke, Macht und Leben die drei wesentlichen Dinge darstellen, die sie und die Welt regieren, denn ohne Leben keine Stärke und ohne Stärke keine Macht. Unsere abendländischen Sitten

191 In einem Lande, das im Ruf steht, ohne Vegetation zu sein, ist der Reisende manchmal, besonders nach einem Regen, überrascht, wenn er den lebhaften Farbton irgendeiner fremdartigen Blume entdeckt. Zum Beispiel diese Sommerwurtz *(Cistanche philipaea L.)*, die auf dem hellen Sand goldene Akzente setzt (Dahr Tichitt, Mauretanien).

192 Wie schon gesagt: Der geringste Regen wirkt in der Sahara Wunder. Unsichtbare Samen keimen in Massen. Der Sand verschwindet zeitweise unter grünen Prärien (Bir-Moghreïn, Mauretanien).

193 Oder etwa der zarte und jungfräuliche Stern einer Liliacee *(Androcymbium gramineum McBride)* in Mauretanien.

194 Der «Zwerg-Baobab» mit seinen rosa geränderten Blüten ist identisch mit dem «Schakal-Baobab» (Bakel, senegalesisch-mauretanische Grenze). Er zeigt bereits die subsaharische Klimagrenze an.

195 Eine Oase bedeutet vor allem Wasser und Palmen *(Phoenix dactylifera)*, eine Sinfonie in Grün und Blau im Kontrapunkt zum Goldgelb der Dünen, doch auch den Kontrast königlicher Fruchtbarkeit, völlig isoliert inmitten einer ausgeglühten Dürre. Wie so viele andere spiegeln die Palmen von Ihérir, im Herzen des Tassili n'Ajjer, die Schönheit ihrer fein ziselierten Wedel in der Fruchtbarkeit eines stillen Wassers, das sie, zum Dank, mit ihrem Schatten vor einem zu raschen Verdunsten bewahren.

195

196 Djado, auf einer Bergkuppe errichtet vor der bedrohlichen Unendlichkeit des Ténéré. Der «Mont-Saint-Michel der Sandmeere» . . . einer der eigenartigsten Orte im Niger. Untersucht man die Mauern dieser von stagnierendem Wasser gegürteten Festung aus dem 12. Jahrhundert, so merkt man, daß sie zur Hauptsache aus Salz bestehen. Die Tubu pflegen hier noch zur Zeit der Dattelernte zu kampieren, aber die Stadt selbst ist den Geistern überlassen, und nichts ist bewegender, als durch die verlassenen Straßen zu gehen, in denen die Mauern dieser alten Metropole eine nach der andern einstürzen. Vom archäologischen Standpunkt aus gesehen würde der Ort eine Grabung und sorgfältige Untersuchungen verdienen, aber er liegt in einer sehr schlecht zugänglichen Gegend.

197–199 Beni Abbès, in der nordwestalgerischen Sahara, ist der Prototyp einer Saharaoase (197). Hier werden die Wurzeln der Palmen vom Wasser des Wadi Saoura gebadet, aber im Hintergrund zeichnen sich drohend die gewaltigen Dünen des westlichen Großen Erg ab. In einem Land, in dem der Sand im Sommer eine Temperatur von 75 Grad Celsius aufweist, besteht das Hauptproblem der Architektur darin, schattige und kühle Zonen zu schaffen. Die Oasenbewohner sind Meister in dieser schwierigen Kunst, sei es nun im Bordj von Chinguetti in Mauretanien (198) oder in den engen Gassen von Ghadamès in Libyen (199).

196

und vor allem unser Denken, das wir willkürlich als Maßstab nehmen, veranlassen uns zu vorschnellen Urteilen über die Schönheit der Peul. Weil sie schön im ästhetischen Sinn des Wortes, weil sie grazil, elegant, schmuckliebend und farbenfroh sind, neigen wir dazu, ihren Mut geringzuschätzen. Aber wenige Europäer wären imstande, mit völligem Gleichmut solche Schmerzen zu ertragen, wie es für die Peul Ehrensache ist. Der Starke muß jedoch zuerst die eigene Schwäche besiegen. Dieser Gleichmut lehrt, sich äußeren Mächten, ob göttlich oder menschlich, zu entziehen. Vielleicht kommt aus dieser inneren Stärke die unbefangene und tiefe Heiterkeit der Peul: Als Herren über sich selbst geben sie nur, was sie zu geben sich entschließen.

Viele Reisende haben auf die außergewöhnliche Ähnlichkeit bestimmter Peultypen mit menschlichen Figuren auf ägyptischen Flachreliefs hingewiesen. Es wäre indessen beim heutigen Stand der Forschung spekulativ, hier Querverbindungen sehen zu wollen, vor allem weil sich die Analyse notwendigerweise auf religiöse Darstellungen beschränken müßte. Das wenigste, was gesagt werden kann, ist jedoch, daß sich gerade bei den Felsbildern der Rinderzeit im Tassili wenig Symbole magischen Gehalts finden, die sich auf ihre Herden beziehen. Möglicherweise existierte allerdings bereits ein Tabu, das Verbot, Dinge der Sakralsphäre – und das konnten die Namen der Kühe sein – abzubilden. Außerdem ist der Nachweis, daß die manchmal nebeneinander vorkommenden Szenen magischen Charakters und Herdendarstellungen wirklich von denselben Künstlern stammen, noch zu erbringen. Es läßt sich übrigens eine verbreitete Tendenz nachweisen, bei Klassifikationsversuchen die verschiedenen Malereien ein- und derselben Felswand auch der gleichen Epoche zuzurechnen, ein Fehler, der bei Gravierungen weniger häufig ist, da der Verwitterungsgrad der eingegrabenen Linien eine zeitliche Unterscheidung eher erlaubt.

Die Interpretation gewisser Details behält übrigens weiterhin ihre Tükken. Hält man sich an die formale Wiedergabe von Gegenständen, so ist man zu sagen versucht, die neolithischen Hirten hätten den Bumerang oder das Wurfholz gekannt. Mit welchem Recht aber darf jeder gebogene Gegenstand, den irgendwer in der Hand hält, Bumerang genannt werden?

Jene, die eine gewisse Zeit ihres Lebens bei einem der großen Peulstämme verbringen durften, wissen, daß sie am Alltag eines Kulturvolkes im eigentlichen Sinne teilhatten. Sie wurden durch das Beispiel dieses Volkes – einmal ausgeklammert, daß es heute Metall kennt – in die Lage versetzt, die Gültigkeit jener Theorie anzufechten, daß als «neolithisch» nur eine Kultur qualifiziert werden kann, die Ackerbau, Viehzucht und dörfliche Siedlungsform kennt. Wenn – wie man zu glauben versucht ist – die heutigen Rinderzüchter die eigentlichen Abkömmlinge der tassilischen Hirtenvölker sind, dann ist es möglich, sich an ihrem Beispiel das Leben eines jungsteinzeitlichen Stammes zu vergegenwärtigen. Damit wäre gleichfalls bestätigt, daß sie auf ihre Qualifikation schon allein durch die Tatsache der völligen Beherrschung ihres geographischen Milieus Anspruch haben. In einem kargen und gar feindlichen Milieu überleben zu können ist denn auch wirklich ein sich täglich wiederholendes Wunder der Intelligenz und Ausdauer. Es wäre sinnlos, Hirtenvölker in Dörfern oder bestimmten Gegenden festhalten zu wollen, deren einzige Sorge in der

197 ▲ 198 ▶ 199 ▶▶

Suche nach dem stets raren Wasser und kaum sichtbaren Weideplätzen besteht. Es gibt kein anderes Motiv als diese durch die Umstände bedingte Unmöglichkeit, seßhaft zu werden, um so vielen alten und genialen Nomadenvölkern einen Platz in der neolithischen «Klasse» zu verwehren. Vielleicht ist hier mit ein Grund für den Argwohn zu suchen, den viele Europäer auch weiterhin gegenüber den Zigeunern hegen. Von der alten Magie bis zum Aberglauben, der uns belastet, ist nur ein kleiner Schritt.

Magie der Sahara

In der Sahara ist Magie überall im Spiel. Sie scheint in den Boden eingebettet, in Brunnen verkrochen und jedem Ding eingegeben. Selbst starke Geister sind nicht davor gefeit, ihre Bekanntschaft zu machen; denn seit die Angst den sich selbst überlassenen Menschen belauert, sucht er fast instinktiv sich mit den geheimnisvollen Kräften zu versöhnen, die er in allem anzutreffen meint. Noch heute lebt jede Oase in der Sahara im heißen Schaffen des Magischen. Selbst der Grundriß des Dorfes hängt von Ordnungen ab, die nur Eingeweihte kennen. Man weiß nicht so genau, wo die Religion beginnt und die Magie endet. Dies allerdings ist bedeutungslos, denn für viele sind die unterschiedlichen Anrufungsarten der verschiedenen unsichtbaren Mächte ein- und dasselbe: Amulett und Rosenkranz sind in dem Milieu, in dem sich der Nomade bewegt, untrennbar.

Der Islam ist übrigens nicht die einzige Religion, die sich mit überlebendem heidnischem Brauchtum arrangieren mußte. Selbst der formal so dogmatische Katholizismus vermochte manchenorts nicht viel mehr, als mit eigener Symbolik jahrtausendealte Traditionen zu übertünchen. Wer kennt nicht den bretonischen Menhir, zu dem unfruchtbare Frauen lang vor dem Einzug des Christentums pilgerten, um die Hilfe der ihm zugeschriebenen Kräfte zu erbitten? Der Volksglaube erwies sich als so stark, daß seine Unterdrückung gar nicht in Frage kam. Daher wurde als allerletztes Mittel auf der Spitze des Monuments ein Kreuz eingemauert: es weihte jedoch nur einen eindeutigen Sieg der alten heidnischen Fruchtbarkeitsriten. Ihr Einfluß, den sie in der Welt noch haben, ist übrigens derart, daß man magische Zeichen im Vokabular, in den Gesten, Schriftzeichen und in der Kunst wiederfindet.

Und die Gebärden, mit denen die heutigen Bewohner der Sahara die permanenten Gefahren, die sie bedrohen, zu bannen versuchen? Wie könnte es anders sein, als daß sie sie – zusammen mit dem angeborenen Talent zu überleben – von ihren inzwischen mehrere Jahrtausende entfernten Ahnen, die aus dem geheimnisvollen Osten kamen, ererbt haben? Der Prähistoriker, der sich über die Sammlungen neolithischer Gegenstände aus der Sahara beugt, weiß ganz gut, daß sie sich nicht alle durch ihren handwerklichen Gebrauchswert, ob bekannt oder bloß vermutet, erklären lassen. Es gibt da etwa eine ganze Reihe von Gegenständen, die infolge vager Analogien «Gehänge» getauft wurden. Hinter der Unfähigkeit, präzise zu sein,

00

200 Diese Tubufrau aus der Oase von Bardaï, Tibesti, schöpft mit ihrem *dellu* Wasser in eine *segia,* einen Bewässerungskanal. Das Seil, an dem der *dellu* hängt, ist am Ende eines am andern Ende mit einem Stein beschwerten Balkens befestigt, so daß sich ein Hebelarm ergibt. Es ist eine langweilige, mühsame, harte Arbeit, die sich, in unzähligen Varianten, in allen Oasen zwischen dem Roten Meer und dem Atlantik wiederholt. Die einzige Ausnahme liefern die Gegenden mit den *feggagir* (Mehrzahl von *foggara*), langen, unterirdischen Kanälen, die in der Oase ins Freie münden; sie wurden von Menschenhand gegraben und bis zu den Stellen vorgetrieben, wo ein wenig Wasser gefaßt werden konnte. Man zählt allein für die Oase von Aoulef 360 Kilometer Kanäle. Doch in allen andern Fällen ist der *schaduf* mit seinem Hebelarm die typische «Schöpfmaschine» in den Oasen. Die ganz Schlauen verwenden einen Esel, einen Ochsen oder ein Kamel, um den mit Wasser gefüllten Ledereimer aus der Tiefe des Brunnens heraufzuziehen.

verbergen sich jedoch sehr oft geheime persönliche Hypothesen: Diese Formen, von denen die einen die ägyptische Sonnenscheibe anklingen lassen, und die anderen Darstellungen von Phallen, von Eulenköpfen oder bloße Scheiben zu sein scheinen, sind sie wirklich zweckfrei? Sind sie die Frucht spielerischer künstlerischer Phantasie, die sich über alle bewußten Gedankenbeziehungen hinwegsetzt? Oder sind sie im Gegenteil Ausdruck einer magischen Idee, deren esoterischer Gehalt uns heute fremd ist? Denn je tiefer man in die Vergangenheit eindringt, um so gewisser wird die Tatsache, daß die Magie im Neolithikum allgegenwärtig war. Es ist zwar noch nicht zu beweisen, aber es scheint, daß selbst der schöne Dekor der Tonwaren, die die ersten Einwanderer aus dem sudanesischen Kulturkreis hinterließen, magischen Charakter hatten. Heute ist das Töpfern in der Sahara den Frauen vorbehalten, wobei diese nicht nur Kenntnisse in der Tonbearbeitung besitzen, sondern eine besondere rituelle Einweihung passieren müssen. Dies wird verständlich, wenn man bedenkt, daß die Töpferin wahrscheinlich seit jeher die kultischen Keramiken gefertigt hat.

Bedeutung und Alter des Fruchtbarkeitskultes können jedoch vor allem aus den Felsbildern erschlossen werden. Die *Guetna,* das seltsame und wichtige Dattelfest Mauretaniens, wie die schönen und tief heidnischen Riten, die weiter im Norden, in den Ksour, zur Zeit der Befruchtung der weiblichen Dattelpalmen (bei der meist künstlich nachgeholfen wird) gefeiert werden, erklären sich als Übertragung eines unmittelbar der neolithischen Glaubenswelt entstammenden Kultes auf eine relativ junge Kulturpflanze. Das widrige Spiel der klimatischen Gegebenheiten – wir haben darauf schon einige Male hingewiesen – lastete schon sehr früh als schreckliche Bedrohung über dem weiten Land. Wenn die Sommersonne heute die Quellen allzu rasch zum Versiegen bringt oder die Frühlingsregen zu lange anhalten und die Ernte gefährden, versprechen die Bauern dem darauf spezialisierten «Heiligen» alles, wenn er nur den für normal betrachteten Lauf der Natur wieder in Ordnung bringt. Man kann sich die Ängste der ehemaligen Bewohner der heutigen Sahara und ihr Flehen zu übernatürlichen Mächten nur zu gut vorstellen, wenn sie mit zunehmender Beklemmung Monat für Monat auf die Ankunft der Regenzeit warten. In der Regel wird der Nomade von seinen Ältesten mit den Zeichen vertraut gemacht, durch die die unsichtbare Welt der Geister und Dschinnen günstig gestimmt wird. Er kennt sie, aber jeder behält das Wissen um ihre Macht für sich. Wenn er danach gefragt wird, leugnet er öffentlich, diese Kenntnisse zu besitzen. Denn weder das Wesen noch der Gegenstand, denen die Macht innewohnt, dürfen genannt werden, ebensowenig wie diese Macht selbst, von der man glaubt, sie habe von einem Wesen oder Gegenstand Besitz ergriffen. In dieser Beziehung ist der Sieg des Islams vollständig, einzig das Gebet wird im Kollektiv verrichtet. Ansonsten bleibt es jedem unbenommen, sich der Nachsicht der furchterregenden Mächte in seiner eigenen Weise zu versichern, die er auf seinem Weg durch die Wüste in jedem Augenblick beleidigen kann. Welcher Nomade würde dort, wo sich zu Beginn der Pisten ein Fels befindet, nicht einige Sekunden anhalten, um vor der Abreise einen Stein auf ihn zu werfen?

Im Grund wirkt die Sahara auf allen Gebieten als Museum. Im Bereich
des Magischen wird es noch vieler Forschungen bedürfen, um die Geheim- 20

201 

201 Die Innendekoration der Häuser von Oualata (Mauretanien), hier das Haus des Präfekten, hängt mit der brillanten Lehre zusammen, die in dieser Stadt zwischen dem 16. und dem 18. Jahrhundert geblüht und viele Fremde angezogen hatte. Sie prägte die lokalen, sehr puritanischen Sitten tief, und eine der sozialen Folgen bestand in der Einschließung der Frauen. Im Kampf mit der Langeweile kamen diese auf die Idee, das Hausinnere reich auszuschmücken. Die Malerei ist mit dem Finger auf die weißgekalkten Mauern aufgetragen worden.

202 Dieses Tor in Oualata beeindruckt durch sein monumentales Aussehen. Doch stilistisch ist es schon stark vom nahen Mali beeinflußt, der Heimat der so reichen und vielfältigen sudanesischen Kunst. Hier besteht das Mauerwerk nicht mehr aus Steinen, sondern aus ungebrannten, in der Sonne getrockneten und mit einem Erdmörtel zusammengefügten Lehmziegeln. Bemerkenswert solid, solange es nicht regnet, haben diese Bauten den Nachteil, sich im Wasser mit erstaunlicher Schnelligkeit aufzulösen, weshalb dem Zustand des Daches stete Aufmerksamkeit geschenkt werden muß.

nisse zu erhellen, die sie für uns aus dem Dunkel der Zeit aufbewahrt hat. In diesem Reich fern aller Maße kann nur der Geist den Steinwäldern eine menschliche Dimension geben und die von der Sonne verbrannten Gebirgsketten des Tassili oder des Tibesti beseelen. Es gibt nichts Bewegenderes, als auf den von der Sonne und den Jahrhunderten zermürbten Felswänden irgendeine seltsame Szene zu entdecken, die von einem Zauberer in Tierverkleidung geleitet wird. «Jagd – Herde – Fruchtbarkeit» – sie bilden die Trilogie, die alle sakralen Feiern bestimmt. Die relative Nähe Ägyptens brachte einige Wissenschaftler darauf, daß im Niltal der Ursprung dieses Kultes liegen könnte, und die Tatsache, daß die Hauptpersonen oft mit einem Hunde- oder Schakalkopf wiedergegeben sind, unterstützt diese Hypothese. Dabei wird aber vergessen, daß die Schöpfer der Felsbilder in der Sahara vor allem durch ihr Milieu bestimmt waren: sie lebten unter diesen Tieren! Einige äußerliche Übereinstimmungen genügen nicht als Beweis für eine feste Beziehung. Hätte eine solche bestanden, müßten sich auch Anzeichen der technischen Errungenschaften der ägyptischen Kultur in der Sahara finden lassen.

Es gibt wahrscheinlich nicht eine einzige menschliche Gruppe, die einer anderen nicht irgend etwas verdankt. Gleichwohl ist es in den meisten Fällen unmöglich anzugeben, wann und über welche Wege sich der Austausch vollzog. Außerdem sollte nicht vergessen werden, daß es dem Menschen jeder Zivilisation bestimmt zu sein scheint, dieselbe Abfolge der Entwicklungsstadien zu durchlaufen. Die Menschheit ist letztlich stärker durch fundamentale Ähnlichkeiten verbunden als durch «folkloristische» Details. Die in der neolithischen Bilderwelt bezeugten religiösen Kulte sind letzten Endes der tiefe und ergreifende Ausdruck eines Wissens um das Leben, das es um jeden Preis zu bewahren gilt. Wenn auch jeder Kult anfänglich eine Brücke darstellt, die sich über den Abgrund spannt, den die Macht des Denkens aufgerissen hat, und zugleich ein verzweifelter Versuch ist, die Angst zu überwinden, führt er doch schließlich zur Reflexion über den moralischen Gehalt der Existenz: Was das Leben begünstigt, ist gut, und schlecht ist, was seinen Tod herbeiführt. Dies ist sozusagen die erste der Wahrheiten. Später wird man das Rechte vom Guten und das Schlechte vom Bösen unterscheiden lernen. In einem bestimmten Sinn mag man dann sogar sagen, daß sich das Schöne und das Häßliche aus dem Guten und dem Bösen herleiten. Während langer Zeit wurden das Leben und das Gute begrifflich kaum unterschieden und mit naiven Ausflüchten dem Tod und dem Bösen gegenübergestellt. Ausflüchte deshalb, weil die Erfahrung die Menschen schnell gelehrt hatte, daß solche unbedingten Abgrenzungen nur in fundamentalen Dingen möglich sind. Die Neolithiker scheinen besonders von den geheimnisvollen Beziehungen zwischen Leben und Milieu beeindruckt gewesen zu sein. Keine Herde ohne Gras, aber vor allem kein Gras ohne Wasser, vom Regen hängt denn auch die Üppigkeit der Weide ab. Doch der Mensch, der von diesen Beziehungen lebt, weiß, daß sich die Stärke nach der Zahl, nach diesem großen sichtbaren Zeichen der Fruchtbarkeit, bemißt. Um sie geht es; sie wird angerufen. Die Magie zeigt sich voller Kunstgriffe, um sie zu begünstigen, denn nichts
203 geschieht, wenn sie nicht eingreift, um die bösen Geister unschädlich zu

203 Diese überflutete Mondlandschaft ist die Saline von Taggui-da-n'Tessoum im Niger ... In jedem Loch stagniert Lauge, die durch Verdunstung das wertvolle Salz hergibt. Der Europäer, der den Ort zum erstenmal besucht, kommt indessen nicht darum herum, den pestilenzischen Gestank der grünlichen, in der Sonne stehenden Wasser zu bemerken, und er wird auch feststellen, daß gewisse Insekten sich dem Salzgehalt anzupassen scheinen. Wie dem auch sei, die in dieser Industrie beschäftigten Arbeiter haben, verursacht durch die Lake, in der sie bis zu den Knien waten, von Geschwüren bedeckte Beine. Es gibt verschiedene Qualitäten von Salz, und es wird in mehreren Formen, vom Klumpen über den Fladen bis zum Barren, geliefert. Chemisch ist es selten sehr rein. Als lebenswichtiger Stoff für Mensch und Tier bleibt Salz eines der Produkte, die die letzten Karawanen rechtfertigen. Es dient dabei als hochgeschätztes Tauschgeld.

204 Bilma, eine wichtige Stadt im Kaouar (Niger), verdankt seiner schwierigen geographischen Lage eigentümliche soziale und kaufmännische Traditionen. Auf dem Bild sieht man eine Frau «Salzlaibe», und zwar sogenannte «Haushaltpackungen», transportieren. In der Tat wird diese Menge von den Familien als Rechnungseinheit verwendet, ganz wie der Zuckerstock, und es ist bemerkenswert, daß die Verbraucher oft weder vom einen noch vom andern das Gewicht kennen. Umfangreichere Handelsformen werden von Karawanen bis Agadez gebracht und hauptsächlich für die Tiere verwendet.

204

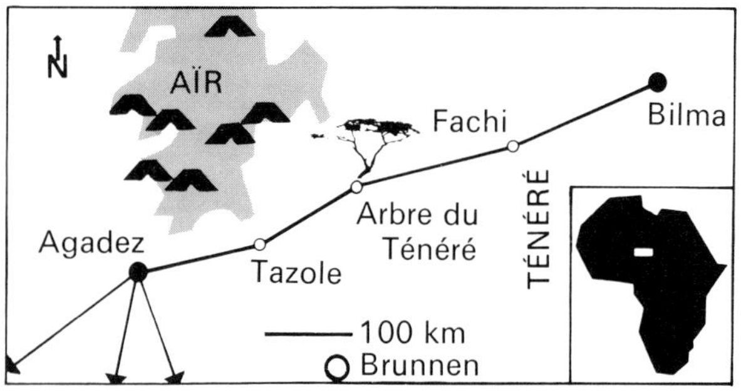

Die Azelaï oder Salzkarawane ist für die Nomaden das Ereignis des Jahres. Sie folgt wegen der Seltenheit der Wasserstellen immer der gleichen Marschroute. Die Treiber glauben, der *trik el-meleh* existiere seit jeher ... Früher umfaßten die großen Karawanen bis zu 3000 Kamele. In unseren Tagen zählen sie 500 bis 1000. Die Etappen erstrekken sich über nahezu 40 Kilometer pro Tag, die Ladung eines Tieres wiegt selten mehr als 80 bis 100 Kilogramm.

205–214 Die Karawane hat dank dem Kamel das Leben der Menschen in der Wüste ermöglicht. Hier die Azelaï, die Salzkarawane, inmitten des Ténéré in der unmenschlichen Trockenheit überrascht. Die von ihr geladenen Salzblöcke weisen die merkwürdige Form eines Automobilkolbens auf, dessen Stange ein wenig dick geraten ist ... Jeder Block ist in eine Matte aus Palmblättern eingewickelt, denn man muß die Kamele jeden Abend abladen und jeden Morgen wieder beladen (205).
In Bilma, Niger, wird das Salz gewonnen, indem man die Lake in Löchern verdunsten läßt (206). Das Einwickeln der Blöcke (207) ist ein besonderer Arbeitsgang und erfolgt während des Aushandelns der Bedingungen. Der Karawanentreiber muß alles können. Hier (208) macht ein Targui einen Strick bereit, der zum Befestigen der Lasten dient. Im Vordergrund kann man den berühmten Zuckerstock, das Gegenstück zu den Salzlaiben, sehen. Am Brunnen angelangt, muß man Wasser schöpfen, aber es ist so tief unten, daß eine an Ort und Stelle verfertigte hölzerne Aufzugsrolle benötigt wird (209). Das Loch der Rolle wird mit Hilfe eines im Kamelmistfeuer glühend gemachten Eisenstabes gebohrt.
«Der Baum des Ténéré», eine Akazie (210–214), ist in Wirklichkeit ein Wasserkünder, verloren in einer trostlosen Wüste! Oder vielmehr war es, denn dieser legendäre Baum ist verschwunden! Seine Wurzeln stiegen 27 Meter in die Tiefe, um das kostbare Naß zu holen. Er war das erwartete Zeichen für alle durchziehenden Nomaden, die an seinem Fuß zwei wenig einladende, für die Kamele aber unabdingliche Brunnen wußten.

machen und den Menschen dem guten Willen der angeflehten Mächte zu verbinden. Und auf diesem Gebiet leben wir noch immer in der Vorgeschichte ...

Ein Reisender, den wir einige Kameltage nördlich des Nigerknies antrafen, erzählte, nachdem er nun zwei Monate bei den Peul verbracht hätte, glaube er sich imstande, die Lebensweise der neolithischen Hirten zu rekonstruieren. Man müsse ja, meinte er, nur die Metallwerkzeuge der Peul durch steinerne ersetzen, damit die Illusion vollkommen sei. Obwohl die Ergebnisse ethnographischer Untersuchungen diese Meinung untermauern, vergesse man nicht, wie sehr sich die heutige Sahara von dem Land unterscheidet, in das vor drei- oder viertausend Jahren v. Chr. die Vorfahren unserer modernen Hirten ihre Herden trieben.

Als die ersten Rinderherden im Tassili ankamen, plätscherte das Wasser noch in jedem Tal und brauste noch in jeder Schlucht. Holz war im Überfluß vorhanden, und die Wälder, die es lieferten, hatten noch ihr halb mittelmeerisches, halb südlicheres Aussehen bewahrt. Gewiß, die ergiebigen Regenfälle der vorausgegangenen Epoche ließen zur selben Zeit nach, als die mittlere Sommertemperatur anstieg. Die großen Zedernwälder waren schon fast vollständig verschwunden. Es gab aber noch Olivenbäume, die in der Nachbarschaft von Linden wuchsen; der Oleander machte den Schilfbeständen die Flußufer streitig. Mächtige Zypressen spendeten noch ausreichend Schatten, und der Zürgelbaum bot seine Reichtümer in den weiter werdenden Tälern an. Gras wuchs reichlich und zu jeder Jahreszeit. Die Milde des Klimas war so ausgeprägt, daß sich der Winter höchstens in etwas frischeren Nächten oder kühleren Regenfällen bemerkbar machte.

Die neu angekommenen Menschen hatten eine eher bronzefarbene als schwarze Hautfarbe und feine Gesichtszüge, und ihre hochgewachsene, schlanke Gestalt deutete darauf hin, daß sie unermüdliche Wanderer waren. Ihre Nahrung wie ihre Bekleidung stammten ausschließlich von der Herde. Die Männer trugen über den Lenden gegürtete Felle, während sich die Frauen weite und lange Röcke angefertigt hatten. Ein kurzer Überwurf, der die Brust nicht ganz bedeckte, kam noch hinzu. Die Hirten führten jeden Morgen ihr Vieh zum Weiden in die Täler und kehrten abends zu der rituellen Stunde des Melkens wieder zum Lager zurück. In dieser Epoche Hirte zu sein, setzte einigen Mut voraus. Jede der unzähligen Wasserstellen, die im Tassili verstreut lagen, war Tränke und Gefahrenquelle in einem. Krokodile lauerten auf Beute, und Raubtiere kamen, um ihren Durst zu löschen. Deshalb war jeder Hirte mit Pfeil und Bogen bewaffnet. Geschickte Handwerker wußten um die Kunst, aus Feuerstein und Jaspis Pfeilköpfe in Form von Spitzen oder Schneiden zu fertigen, die man mit Harz und Pflanzenfasern oder Lederstreifen am Schaft befestigte, der aus dem zähen Holz des Zürgelbaumes hergestellt worden war. Diese fernen Vorfahren der heutigen Schmiede kannten so manches Geheimnis und erfreuten sich schon damals eines besonderen Rufes. In enger Berührung mit der Herde aufgewachsen, blieb sie ihnen vertraut, doch waren sie schon keine eigentlichen Hirten mehr: Die Herstellung von Pfeilspitzen und die magisch-medizinische Betreuung der Herde bildeten ihre hauptsächliche
Aufgabe. 205

206

207

208

209

210

211

212

213

214

Es ist anzunehmen, daß schon damals zwischen zeitlich-politischer und geistiger Führerschaft unterschieden wurde. Dies ist wahrscheinlich deshalb, weil die physische wie die intellektuelle Kraft – und damit der Anspruch auf die Macht – gleicherweise als furchterregend empfunden wurden, aber selten dem gleichen Individuum zur Verfügung standen. Immerhin hing das Wohlergehen des Stammes von ihrem guten Einvernehmen ab. Seltsamerweise ist der Häuptling – der politische Führer – auf den Felsbildern nie eindeutig zu identifizieren, während der Zauberer ziemlich häufig in Ausübung seines Amtes dargestellt wurde. Glückliche Zeit also, da die politische Macht der Repräsentation noch nicht bedurfte!

Man weiß nicht genau, woher das Reichtumsbewußtsein der heutigen Peul – und anderer Hirtenvölker – stammt, das mit der Stückzahl der Herde so eng verbunden ist, daß praktisch niemals ein Tier geschlachtet wird und man lediglich von seinem Hauptprodukt, der Milch, lebt. Das Schlachten eines Tieres, beispielsweise zu den großen Festen, ist so selten, daß es unweigerlich einen rituellen Charakter annimmt. Und es ist eben diese Sakralität, die auch aus den kultischen Szenen einiger Felsbilder hervorzugehen scheint. Selbstverständlich beschränkt sich die Beeinflussung der Hirtenvölker durch ihre Tätigkeit nicht auf Afrika. Tieropfer, Tiervergöttlichung und Wahrsagerei scheinen Gemeingut aller großen Hirtenvölker und Züchter des Altertums gewesen zu sein, und zwar sicherlich bereits als Erbe ihrer neolithischen Vorfahren. Höchst eigenartig ist dagegen, daß die heutigen Peul im Gegensatz zu den Tuareg Milch nicht anders als in ihrem Naturzustand konsumieren: sie stellen also weder Käse noch Butter noch Joghurt her. Es mag sein, daß dies auf einem Tabu beruht, dessen Herkunft sich im Dunkel der Zeit verliert. Nicht zu vergessen bleibt jedoch, daß die Tuareg aus dem Norden kommen und Berber sind, während die Peul, wie bereits erläutert, Abkömmlinge des sudanesischen Kulturkreises sind und möglicherweise Sitten von jenseits des Roten Meeres mitbrachten.

Wenn abends die Herden unserer Neolithiker zum Lager zurückkehrten, entfaltete sich dasselbe Schauspiel, wie es sich heute noch bei den Peul beobachten läßt. Nur der äußere Rahmen wird damals eindrucksvoller und malerischer gewesen sein. Die in das Grün und Wassergeplätscher einer fruchtbaren Sahara versetzten tassilischen Schluchten mußten einen seltsamen Charme ausgestrahlt haben. Um sich das Leben dort vorzustellen, braucht man lediglich jene vertrauten Szenen des Hirtendaseins hinzuzufügen, die sich zur Stunde abspielen, da der Himmel sich in malvenähnliche Farbe hüllt und die ersten Sterne erglimmen. Alles, wirklich alles dreht sich um die Herde. Wenn der Tassili für Hirten so anziehend wirkte, dann zweifellos, weil er eine schwerlich anderswo zu findende Auswahl darbot: Schutzplätze für die Menschen und Wasser im Überfluß . . . nachts konnte das Vieh in einen der zahlreichen Felskessel getrieben werden, so daß nur auf einer Seite eine Hürde gebaut werden mußte. Die Erinnerung an diesen Überfluß scheint die Tradition ihrer Nachfolger tief geprägt zu haben, wobei unterstrichen werden muß, daß wir nur jene kennen, denen es gelang, sich in ihrer Lebensweise den harten Veränderungen des Klimas anzupassen. Wer Hirte sagt, meint heute Nomade. Allerdings ist nicht
5 sicher, ob die Niederschlagsmenge im Tassili ebenso abrupt zurückging

216

215 Und die Karawane zieht weiter, unberührt, wie es scheint, von Müdigkeit, Durst und Sandwind. Nie verliert der Anführer seinen Weg, von dem er jede Düne, jede Biegung kennt. Doch manchmal, verbraucht von seinen zu großen Anstrengungen, stürzt ein Kamel wie vom Blitz gefällt. Es wird sich nicht mehr erheben. Oft muß man nicht nur das Tier aufgeben, sondern auch seine Bürde zurücklassen, wenn keine Ersatzkamele dem Zug folgen. Und längs der ganzen Piste markieren weiße Skelette, die der Sand langsam begräbt, den harten Leidensweg der friedlichen «Wüstenschiffe».

216 Wenn die amerikanischen Indianer anerkannte Fährtenleser waren, stehen ihnen die Saharanomaden in dieser schwierigen Kunst nicht nach. Die Spur eines Kamels kommt geradezu einer Nachricht gleich, und jeder Saharabewohner, der etwas auf sich hält, kann mit unfehlbarer Genauigkeit über die Frische der Spur, das Alter, das Geschlecht, die Last und den Ermüdungsgrad des Tieres Auskunft geben.

217

217 Bis vor wenigen Jahrzehnten billigte die Ethnographie den Peul keinen prähistorischen Ursprung zu; aber man wußte noch nicht, was die Vorgeschichte uns seither enthüllt hat. Dieser Bororo-Peul, angetroffen zwischen Abalak und In Gall, ist ein Nachfahre der neolithischen Rinderhirten. Obgleich dunkelhäutig, aber eher kupferfarben als schwarz, dürften die Peul sehr wohl die Erben der Neolithiker sudanesischer Tradition sein, die aus der Mischung mehrerer Rassen, von denen wenigstens eine aus dem Gebiet des Mittelmeeres stammte, hervorgegangen waren.

218 Ein Bororohirte in typischer Haltung vor dem Brunnen von Ekisman, Niger.

218

wie in andern Teilen der Sahara. Jedenfalls scheint sich die Migration nach Süden in aller Ordnung abgewickelt und weder das Leben noch die soziale Organisation entscheidend beeinflußt zu haben. Es hatte sich praktisch nichts verändert, als die ersten europäischen Reisenden mit den Peul in Kontakt traten, außer daß die wichtigsten Steinwerkzeuge durch eiserne ersetzt worden waren.

Es wurde vielleicht nicht genügend unterstrichen, wie fruchtbar sich die Zusammenarbeit zwischen Vorgeschichtlern und Völkerkundlern auswirken könnte. Wenn wir so eingehend von den Peul gesprochen haben, dann vor allem der Tatsache wegen, daß die Peul die Felsbilder des Tassili ganz selbstverständlich auch als Darstellungen ihres eigenen Lebens begreifen. Sie verstehen sie nicht nur, sondern haben auch für jene Symbole, die wir nicht zu deuten vermögen, eine entsprechende Bezeichnung in ihrem Vokabular. Ja diese Symbole sind seit uralten Zeiten in ihre eigene Tradition einbezogen. Wenn einmal das Alter dieser Bilder gewiß ist, kann der Ethnologe seinen Kollegen von der Vorgeschichte zu einer erregenden und seltenen Reise in die Vergangenheit einzuladen. Man wird dann gewissermaßen auf die Protohistorie stoßen, da die Felsbilder hier die Rolle spielen, die anderwärts die Schrift einnimmt. Unglücklicherweise fehlt noch viel zu einer solchen Gruppenarbeit.
Die Hirten des Tassili haben im Neolithikum ein eng begrenztes Gebiet bewohnt. Äußere Einflüsse scheinen sie nicht unmittelbar berührt zu haben. Im Norden, am Fuß des Atlas, angrenzend an das, was bald zu den immensen Sandwüsten der Sahara werden sollte, waren die Erben des Capsien-Kulturkreises mit ganz anders gearteten Problemen konfrontiert, doch wissen wir noch viel zu wenig über die gesellschaftliche Organisation dieser Menschen, deren Vorfahren den Funden nach zu schließen hauptsächlich von Schnecken gelebt haben müssen. Zudem bildeten die tassilischen Hirten keineswegs das Gros der neolithischen Welle, die von den Nilufern ausgegangen und für die Besiedlung des weiten Seengebietes verantwortlich war. Gewiß hat der sudanesische Kulturkreis fremde Elemente mitgebracht, die nur ungleich assimiliert wurden. Seine Afrikanität steht außer Zweifel, seine Originalität aber besteht in eben dieser Schichtung verschiedener und verschieden vollendeter Assimilationen. Die Anthropologie hebt gerade diesen Aspekt besonders hervor, ohne allerdings die Herkunft der einzelnen Elemente näher bestimmen zu können. Um so merkwürdiger wirkt aus dieser Sicht, wie verbissen die heutigen Peul ihre angebliche rassische Einheit verteidigen. Ihre direkten Nachbarn, wiederum besonders jene im Sudan, machen nicht allzuviel Aufhebens davon. Aber diese Nachbarn sind Bauern, und darin liegt vielleicht eine Erklärung . . .

Für den Augenblick scheint es nicht, daß das Studium der Skelette von neolithischen Menschen aus der Sahara das Geheimnis ihrer Migrationen zu erhellen vermag. Es steht jedoch außer Zweifel, daß die jungsteinzeitlichen Saharavölker nicht allein von äußerst verschiedenen, sondern sogar von geradezu diametral entgegengesetzten Kulturen geprägt waren. Die Felsbilder zeigen dies ebenso unzweideutig wie die Materialien aus Stein oder Knochen. Hier stellt sich der Gedanke vom «rassischen Mosaik» wie-

219 220 221

der ein, mit dem wir den Anfang des Neolithikums kennzeichneten. Dieser Gedanke ist um so überraschender, als am Ende der vorausgegangenen Epoche nur wenige Elemente eine solche Verschiedenheit anzunehmen erlaubt hätten. Wir sind Zeugen einer echten Revolution, deren hervorstechendstes und am wenigsten bekanntes Merkmal die Beweglichkeit ist. Dennoch ergibt sich dieses Phänomen bei näherer Überlegung als logische Konsequenz: Im Neolithikum wurden die Materialien immer leichter, konnten einfacher transportiert werden und ermöglichten so auch längere Reisen.

Doch bei weitem nicht alle Völker des Neolithikums widmeten sich der Viehzucht. Obwohl zwar die Jägervölker auf der Suche nach Wild ständig unterwegs waren, müssen «Nomaden» im heutigen Sinn selten gewesen sein. Die Viehzüchter des Tassili waren seßhaft schon allein deshalb, weil das reichlich vorhandene Futter die lange und ungewisse Suche nach neuen Weideplätzen – das vordringliche Problem des heutigen Peul – überflüssig machte. Trotz dieser ziemlich gewissen Seßhaftigkeit scheinen sie jedoch weder feste Bauten errichtet zu haben, noch versuchten sie, das Obdach zu verändern oder zu verbessern, das ihnen die Felswände der Schluchten gewährten. Doch was sagt das letztlich über das kulturelle Niveau aus? Es scheint nicht an uns, die wir die standardisierten Kaninchenställe des sozialen Wohnungsbaus dulden, hier zu urteilen. Uns, denen es wohl schwer fiele, allein mit dem Pinsel den Sahara-Felsbildern ebenbürtige Botschaften an spätere Generationen weiterzugeben.

Zugegeben: Belege für jungsteinzeitliche Dörfer sind in der Sahara spärlich. Deshalb dekretierte man, daß die Bewohner der neolithischen Sahara Bauern waren, Eroberer, Importeure ägyptischer Wagen usw. In Wirklichkeit mögen sie dies alles auch gewesen sein, doch darf die Rekonstruktion eines Volkes und mehr noch der Gesamtheit der Völker nicht von der höchst zufälligen Fruchtbarkeit des Gehirnes abhängen, das sich damit gerade beschäftigt. Die Wissenschaft fordert Beweise als Grundlage von Hypothesen, aber die, welche wir über neolithische Dörfer in der Sahara besitzen, sind noch zu lückenhaft, als daß wir das Stadium bloßer Spekulationen verlassen könnten. Außer in einigen ganz bestimmten Fällen, so etwa den alten dörflichen Siedlungen von Immidir oder den allerdings viel jüngeren befestigten Dörfern, die sich in reichem Maße dem Kamm des Plateaus entlang finden, das sich von Oualata im Südosten Mauretaniens in einem Bogen nach Ganeb, einige hundert Kilometer westlich der Dörfer von Tin-Rharo und Tilemsi in Mali, erstreckt. Und wir sind überzeugt, daß weitere Forschungen auch weitere Beweise liefern werden, Beweise, die unser jetziges Wissen über das Geschehen in der jungsteinzeitlichen Sahara von Grund auf verändern können. Was fehlt, sind die Mittel und die Einsicht der verantwortlichen Stellen, daß, wer seine Zukunft auf ein solides Fundament bauen will, zuerst seine Vergangenheit kennenlernen muß. Doch besteht wenig Hoffnung, daß die jungen nordafrikanischen Staaten angesichts ihrer drängenden Gegenwartsprobleme und der bereits sichtbar gewordenen Rivalitäten hier mehr erreichen werden als ihre Vorgänger.

Jedenfalls ist die Sahara ein reiches Erfahrungsfeld in menschlicher und sozialer Hinsicht. Und schon allein deshalb verdient sie das leidenschaftli-
222 che Interesse, das ihr so viele Menschen gewidmet haben.

219–222 Die Bergmassive auslassend, verkehren die Peul fast immer in der gleichen geographischen Zone, die sich am besten für die Viehzucht, der sie sich widmen, eignet. Es fällt deshalb nicht schwer, sich 3000 oder 4000 Jahre zurückzuversetzen in die Zeit, in der ihre Vorfahren die Felsen des Tassili n'Ajjer mit ihrer vielfältigen Bilderwelt schmückten. Indessen kann kein Zweifel darüber bestehen, daß das Wasser seit jener fernen Zeit immer spärlicher geworden ist. Die Savanne, in der sie heute leben, ist nicht viel reicher an Brunnen als die nahe Wüste, und die Wasserstelle bleibt denn auch der unausweichliche Treffpunkt der Herde. Die Unfreundlichkeit des heutigen Klimas und seine langsame, aber sichere Verschlechterung tragen übrigens dazu bei, daß das Wasser kaum mehr ausreicht, um den Durst des Viehs und der Menschen zu stillen: Die Sahara rückt täglich ein wenig weiter in die Savanne vor. Vom Flugzeug aus gesehen bilden der Brunnen und der Tümpel jedoch den Mittelpunkt eines Sterns, dessen unzählige Strahlen die Pfade sind, denen das vom Wasser angezogene Vieh instinktiv folgt.

In Takoukout (Niger) hängt die Tränke vom Brunnen ab, aus dem das Wasser mit dem *dellu* geschöpft wird (219). In Djado (Niger) dagegen besteht sie aus einem von Quellen gespeisten Tümpel (220). Zwei Kühe kommen von ihm her. Dieses armselige Vieh stellt das ganze Vermögen von Maman Delaï aus Chirfa (Niger) dar.

In Ekisman gibt es wieder das lange Warten des Viehs, das abhängig geworden ist vom Menschen, der in den Eingeweiden der Erde das spärliche Wasser sucht. Dieses Warten läßt sich an den Augen der Tiere ablesen, die Atmosphäre ist drückend, staubig, und die Arbeit der Hirten erschöpfend. Sicher steht das Versiegen der Tränke auch in Beziehung zur Zahl der Tiere, die daran ihren Durst stillen, und es gibt auch Wasserstellen, die nur wenige Wochen vor jeder Regenzeit – der mit unserem Sommer korrespondierenden Saison, in der die Monsunregen fallen – austrocknen, aber man kann sie an den Fingern abzählen.

Und doch ... nach einer scharfen Biegung der Piste erscheint ein Fluß, ein richtiger Fluß mit viel tiefem Wasser, den nichts hat voraussehen lassen (222): Der Chari (Tschad) wird von der Vegetation seiner Ufer kaum angezeigt ... Hier leben die Bananafischer, fähige Pirogenfahrer.

Eine Zukunft für die Vergangenheit?

Die Sahara ist übrigens nur für den tot, der nicht zu sehen weiß. Wie das Meer oder das Gebirge hat sie etwas Faszinierendes. Der helle Sand ihrer Dünen offenbart dem von der Wüste Besessenen eine heiße, tiefe Sinnlichkeit, doch wird dieser Zauber nur wirksam fern vom Getriebe der Menge. Wenn am Abend die Kamele nach einer langen Reise ermüdet am Fuße einer Düne haltmachen, beginnt sich der Himmel mit geradezu unwirklich kräftigen Farben zu schmücken. Ein malvenfarbener Saum tanzt über der rotgelben Linie des weit entfernten Reg am Horizont. Nie zuvor gesehene Schattierungen von Blau künden vom Kommen der Nacht. Dann verfärbt sich die Düne rosa, und die tagsüber gespeicherte Wärme steigt hoch, um die herrliche Abendfrische zu temperieren. Denn die Sahara ist «ein kaltes Land, in dem allein die Sonne wärmt». Wer nie mehr frieren möchte, hat in der Wüste nichts zu suchen. Der Temperaturunterschied zwischen dem frühen Nachmittag und Mitternacht kann nicht selten über 50 Grad Celsius betragen. Das macht verständlich, wieso sich der Nomade neben dem spärlichen Lagerfeuer für die Nacht so sorgfältig in seinen Burnus hüllt.

Wenn die Kamele gehobbelt und von der leichten *rahla,* dem Sattel, befreit sind, lebt der Nomade dem besten Teil des Tages entgegen. Die Geschicklichkeit, mit der er etwas Brennbares für das kleine Feuer findet, auf dem er den rituellen Tee zubereitet, erstaunt immer von neuem. Und sollte er einmal nicht den kleinsten Zweig, kein einziges kümmerliches Grasbüschel finden, bliebe ihm noch immer der Kamelkot, der in getrocknetem Zustand ein zwar abscheulich stinkendes, aber wirkungsvolles Brennmaterial abgibt.

223

223 Dieses Mädchen ist ein prächtiges Beispiel des Stammes der Fulbe, die man zwischen Douentza und Hombori in Mali antrifft. Die Fulbe gehören zur großen Familie der Peul.

224 Wer strahlt mehr Lebensfreude aus als diese junge Bororofrau? Typisch für ihre Tracht sind das kleine Mieder, das einen Teil des Leibes unbedeckt läßt, die schweren Ohrringe, die auf der Brust getragenen Amulette. Seit zwei Jahren verheiratet, hat diese Peulfrau doch noch kein Kind, denn diese besonnenen, ausgeglichenen Leute praktizieren schon seit sehr langer Zeit eine Art Geburtenkontrolle, wobei sich vor allem die Tugendhaftigkeit der Einfachen auswirkt. Die Frau spielt in der Gesellschaft der Peul eine sehr wichtige Rolle, und sie verfügt über viel Freiheit, aber sie respektiert auch das von den Ahnen auf sie gekommene Brauchtum ihrer Rasse.

Es ist ein Erlebnis, zusehen zu dürfen, wie sich ein Nomade für die Nacht einrichtet. Nichts bleibt dem Zufall überlassen. Jede seiner Gesten hat einen ganz bestimmten Zweck. Dort, wo der «Zivilisierte» vollkommen hilflos wäre, bewegt sich der Nomade mit größter Selbstverständlichkeit, eins mit dem Sinn und der Wichtigkeit uralter Riten und Gewohnheiten. Seine erste Sorge bleibt das Wasser; und dafür wurde ehemals auch viel Blut vergossen: der Besitz eines Brunnens war gleichbedeutend mit Leben. Der Schlauch, mit dem man die kostbare Flüssigkeit transportiert, die *gerba,* ist zwar nur ein Ziegenfell, doch wäre es leichtfertig, zu glauben, es könne so ohne weiteres verarbeitet werden. Die Kunst, es zu präparieren, kennt Tausende von Varianten. Den besten *gerbas* haftet anfänglich ein widerlicher Teergeruch an. Der Schlauch ist jedoch deshalb keineswegs giftig, und mit der Zeit bleibt das Wasser so klar und geschmacksfrei, wie es beim Schöpfen war – was allerdings noch nicht viel heißen will ...

Eine *gerba* ist nicht vollkommen wasserdicht, und sie darf es auch nicht sein. Unter der heißen Saharasonne schwitzt das Leder langsam Wasser aus, und die Verdunstungskälte bewirkt eine Abkühlung des Inhalts: Man trinkt in der Sahara kühles, manchmal sogar sehr kaltes Wasser. Wenn sich eine Karawane zum Aufbruch anschickt, ist es faszinierend, zu sehen, mit welcher Sorgfalt die Männer ihre Wasserschläuche überprüfen: Der Hals 22

225

226 ▶

des Schlauches, der anatomisch mit dem Tierhals übereinstimmt, wird in einer traditionellen Art mit einer festen Schnur oder einem Lederriemen abgebunden. Die Nähte werden einzeln inspiziert, denn die kleinste schadhafte Stelle würde sich auf dem Transport erweitern. Dann legt man die *gerba* sorgfältig auf das Kamel: Der Schlauch darf auf nichts aufliegen, das ihn durchscheuern könnte. Nach diesen Vorbereitungen kann die Karawane bis zur nächsten Etappe aufbrechen. Während der Reise verteilt man den verbleibenden Wasservorrat jeden Morgen gleichmäßig auf die Kamele. Ohne diese Maßnahme wäre die Sicherheit der Karawane aufs Spiel gesetzt, sollte ein Lasttier die Flucht ergreifen.

Heute ist das Dromedar in Nordafrika eine so vertraute Erscheinung, daß man völlig vergißt, daß es in seiner domestizierten Form erst in geschichtlicher Zeit – und dann vor allem durch die Eroberungszüge der Araber – in Afrika wieder heimisch wurde. Findet sich auf Felsbildern die Abbildung eines Kamels, darf man sicher sein, daß diese Darstellungen nicht sehr alt sind.

Gleichwohl ist es wie die Palme ein Meisterwerk der Anpassungsfähigkeit, und es verdiente durchaus, daß die Epoche seit seiner Einführung als «Kultur des Kamels» bezeichnet würde. Diese Welt ist mindestens so in sich geschlossen wie jene der Seefahrer. Gerade bei Einbruch der Nacht, wenn sich die Sahara in kostbare und zauberische Farben hüllt, gerade dann begreift man am besten, in welch alten Traditionen der Nomade lebt. Sicher, nicht er ist der Erbe der lokalen Vorgeschichte; dies ist viel eher der Peul. Doch der Nomade – und er allein – hielt die Fackel einer Kultur hoch, die durch die außerordentliche Härte des Klimas vom Tode bedroht war. Dieser Eindruck wird durch die Tatsache verstärkt, daß der Nomade – wie der Peul – so vertraut mit den jungsteinzeitlichen Geräten lebt, daß er sie in seinen Alltag integriert. Er bedient sich der alten Reibsteine und Mörser, um das Korn zu zerkleinern, das er für seine Fladenkuchen braucht, die in der Asche gebacken werden. Noch bis vor kurzem konnte man nicht selten Nomaden beobachten, wie sie die schönsten Steinbeile auflasen, um sie wieder zu verwenden. Und bis in die Neuzeit verwendeten Jäger Pfeile, die sie mit eingesammelten neolithischen Spitzen versahen. Zweifellos sind heute einige Verwendungszwecke prähistorischer Gegenstände bedeutend weniger orthodox: Die schönen Klingen aus hellem oder grauem Jaspis, die als Schaber oder messerähnliche Geräte gedient hatten, werden heute zerschlagen und auf den Märkten als Feuersteine für Feuerzeuge verkauft. Viele Gegenstände, deren ehemaliger Zweck unbekannt ist, wurden zu Schmuck weiterverarbeitet, indem man sie mit einer Öse versah.

Kehren wir in die Nähe des Feuers zurück, wo gerade der rituelle Tee zubereitet wird. Den Kamelen sind die Fesseln angelegt. Man hat getrocknete Datteln zu Käse gegessen. Die kostbaren, mit Wasser gefüllten *gerbas* lagern gut geschützt, so daß sie nicht durch irgendeinen Unfall beschädigt werden können. Die Nacht hat ihren blauen Samtmantel über die stille Unendlichkeit gebreitet. Die Sterne flimmern mit einer Intensität, die man an kaum einem anderen Ort der Welt kennt. Die Nomaden setzen ihre seltsamen Gespräche, in denen die Dschinnen die Hauptrolle spielen, am
227 langsam ersterbenden Feuer noch lange fort. Wie das Leben in der Wüste

225–227 Es ist schwierig, ein Volk zu finden, das mehr Sinn für Prunk und Zierat besitzt als die Peul. Bei Festen kann man wahren Wettbewerben um männliche Schönheit beiwohnen. Der Peul ist ausgesprochen prunkliebend – soweit dem nicht die Armut natürliche Grenzen setzt. Doch am interessantesten ist es, festzustellen, daß diese Männer, deren effeminiertes Gebaren einen legendären Mut kaschiert, wie ihre Nachbarn, die Tuareg, den alten Brauch des Liebeshofes kennen. Bei Festen unterlassen es die Teilnehmer nie, dieses lange, der *takuba* aus dem Hoggarmassiv so ähnliche Schwert zu tragen. Sie schminken sich das Gesicht mit lebhaften Farben, wobei Safrangelb, Rot und Weiß vorherrschen, und man käme an kein Ende, wollte man ein Inventar der Schmuckstücke und der Amulette anlegen, die sie bei diesen Gelegenheiten auszubreiten pflegen. Um die Zustimmung der Dame seiner Wahl zu erhalten, muß man sich zur Geltung zu bringen wissen, und Blicke, Grimassen und Verrenkungen zählen ... Darum geht es bei dem schönen, am Brunnen von Ekisman beobachteten Schauspiel (225). Ein Flötenspieler (226) ersetzt das Orchester und unterstützt mit seinem Instrument den Chor der Tänzer. Der Takt wird ihm durch Händeklatschen angegeben. Die Frauen, Preis dieses friedlichen Wettstreits, zeigen ein sehr verführerisches Gehaben ... Die Untadeligkeit ihrer Haltung rührt zum Teil daher, daß sie sehr früh schwere Lasten auf dem Kopf zu tragen lernen (227). Typisch für ihre Rasse sind neben der anmutigen Geste dieser Bororoträgerin die sehr großen Augen, die Feinheit des Mundes und die ziemlich orientalische Prägung des Kopfes. Die Ohren, dem ganzen Rand entlang von vielen Löchern durchbohrt, erlauben es, erstaunliche Mengen Silberringe zu tragen. Zwei Schnüre dienen zum Halten zweier verschiedener Sammlungen von Amuletten, zu denen ... Sicherheitsnadeln hinzukommen! Der Chignon, über der Stirn getragen, erinnert an die phrygische Haartracht der Figuren auf den Bildern 100 bis 105.

228 Vor dem Tümpel von Tabalak, Niger, bilden die zwei Tuareg auf ihren Kamelen einen ins Auge springenden Kontrast: Man könnte sie sich besser in den Schluchten des Tassili vorstellen. Die Bäume sind abgestorben, obschon ihre Wurzeln im Wasser stehen. Das hängt damit zusammen, daß ein Tümpel definitionsgemäß temporär ist und sich nach einem Regen bilden kann, der Jahre nach dem letzten gefallen ist. Kommt hinzu, daß die Hirten, wenn die Weide rar wird, für die Bedürfnisse ihrer Herde alle Äste abschneiden, die noch einige Blätter tragen. Das schreckliche Drama im Sahelgebiet ist durch diesen Brauch noch wesentlich verschlimmert worden.

229 Das Zubereiten und das Kosten des grünen Tees stellen den am einheitlichsten durchgeführten Ritus in der ganzen Weite der Sahara dar, wo Kaffee praktisch unbekannt ist. Es gibt eine «Etikette des Tees», und die Art, ihn zuzubereiten und zu trinken, wird von den Tuareg mit kritischem Blick verfolgt. Die Targuia von Illezi, Tassili n'Ajjer, fällt ebensosehr durch die Vornehmheit ihrer Haltung wie die Feinheit ihrer Züge auf. Die berberische Abstammung ist hier sehr deutlich. Aller Schmuck, den sie trägt, besteht aus Silber. Die Vermögenslage dieser Frau aus «großem Zelt» würde es ihr zweifellos erlauben, goldenen zu besitzen, aber von diesem Metall heißt es, es ziehe den bösen Blick an. Die Tuareg sind äußerst abergläubisch.

230 Die Zubereitung des Tees ist vorwiegend Männersache. Sie erfordert die ganze Ernsthaftigkeit dieses Targui, der seine Gewandtheit unter Beweis stellt, indem er die Gläser von hoch oben her füllt: Er darf nicht einen Tropfen danebengehen lassen. Der Wasserkessel im Vordergrund steht auf einem Holzkohlenfeuer. Die Teekanne ist im allgemeinen das obligate Andenken, das der Pilger aus Mekka mitbringt. Traditionellerweise aus Messing, ist sie oft durch eine emaillierte Kanne ersetzt, auf deren Boden man *Made in Czechoslovakia* lesen kann. Der Tee wird immer sehr stark gezuckert, und der große Luxus besteht darin, ein Zweiglein Minze beizufügen, was ihm einen sehr angenehmen Geschmack verleiht. Die Wände des Zeltes bestehen aus einem *assaber,* einem sehr feinen Geflecht aus gespaltenen und von dünnen Lederriemchen zusammengehaltenen Palmblattrippen. Dies ist nicht nur dekorativ, sondern hat auch den Vorteil, die Luft zirkulieren zu lassen und die Zeltinsassen doch gegen außen abzuschirmen und vor dem Wind zu schützen.

erklären und gleichzeitig die übernatürlichen Mächte aus ihr verbannen? Die Geister sind überall, denn sie sind es, die den Menschen je nach seiner Haltung retten oder verlassen. Der Fremde, der zum erstenmal diese Legenden hört, wird sich ihrer Poesie und ihrem tief humanen Gedankengut nicht entziehen können. Sie würden ein wunderschönes Buch ergeben, das aufgezeichnet werden müßte, bevor der letzte dieser begnadeten Erzähler stirbt oder sich als Handlanger bei einer Ölgesellschaft verdingt.

Später hüllt sich jeder in seinen Burnus und versinkt mit Gedanken an die nächste Oase in den verdienten Schlaf. Welcher Schlaf aber ist leichter als der eines Nomaden? Ein jahrhundertealter Instinkt macht ihn für das geringste Geräusch hellhörig. Während langer Zeit waren die Abendlager nur kurze Verschnaufpausen zwischen unerbittlichen Verfolgungsjagden. Man schlief im Schutz des Kamels, den Finger am Abzug des Gewehrs. Diese so lang eingeübte Verhaltensweise ist keineswegs völlig verschwunden. Sobald ein Nomade am Horizont die Silhouette eines menschlichen Wesens erblickt, unterbricht er seinen Ritt, um das entscheidende Problem zu lösen: Freund oder Feind?

Alles in allem aber sind die großen Pisten der Sahara so sicher wie Landstraßen geworden. Ein Nomade, den wir bei seiner Ankunft in einer Oase nach dem Verlauf seiner Reise befragten, spuckte auf den Boden und antwortete abschätzig: «Sahara bouch!» (Die Sahara ist tot!) Nun, es ist unbestreitbar, daß sich die Sahara von Grund auf verändert hat. Die methodische Bestandsaufnahme ihrer unterirdischen Reichtümer, die nach dem letzten Weltkrieg vorgenommen wurde, gab die entscheidenden Anstöße für die Umwälzung und ließ die Bedeutung dieses Gebiets offenbar werden. Noch aber ist es viel zu früh, um ermessen zu können, ob die Menschen der Wüste von dieser offensichtlichen Revolution ihrer Lebensweise wirklich profitieren. Die Distanzen schrumpfen – zwar nicht räumlich, aber zeitlich: Reiseunternehmen erschließen Gebiete, die noch vor kurzem allein der Forschung zugänglich waren. Die geteerte Straße ersetzt die launischen Windungen der Kamelpfade und öffnet den Süden für die schweren Lastwagen der Erdölprospektoren. Die Oasen jedoch sind währenddessen einer trüben Lethargie verfallen. Ihre Bewohner glaubten an ein Wunder, als ihnen Handlangerlöhne angeboten wurden, die fast zwanzigmal über dem Einkommen der reichsten Oasenbauern lagen. Bald sah man die Enterbten von gestern auf Motorrädern über die Pisten brausen und sich dem süßen Wahn eines aufwendigen Lebens hingeben. Eines Tages aber war das Erdöl erschlossen und die Pipeline verlegt, und die Prospektoren zogen weiter, ohne sich um die nun überflüssigen lokalen Arbeitskräfte zu kümmern. Sie blieben erbarmungslos ihren Palmen und Ziegen überlassen. Glücklich diejenigen, die eben diese Ziegen noch behalten hatten, als viele der Oasenbewohner in der Zeit der Euphorie alles verkauft hatten, was an ihr Bauernleben erinnerte. Doch das schnell verdiente Geld war auch ebenso schnell wieder ausgegeben, und am Schluß fanden sie sich völlig ruiniert wieder.

Der eigentliche Nomade wurde von dieser Krise wenig berührt. Seine Geringschätzung der Seßhaften hat ihn vor deren Rausch und Ruin gerettet. Dem Europäer, der sogleich mit ebenso raschen wie oberflächlichen Urteilen zu reagieren gewohnt ist, kann diese Weigerung des Nomaden, 228

229
◀

30

sich den Regeln «seiner» Zivilisation zu unterwerfen, nur als der Gipfel der Rückständigkeit erscheinen. Es fehlte auch nicht an Stimmen, diese angebliche Unabhängigkeit des Nomaden sei nur seiner unüberwindlichen Faulheit zuzurechnen. Zu Ehren derselben Zivilisation gereicht es, daß andere diese Menschen zu schätzen wußten und bei ihnen ein Lebensverständnis fanden, das unserer Konsumgesellschaft auf immer verlorenzugehen droht. Obwohl einige dieser Werte unmittelbar aus der Steinzeit zu uns kommen, sind sie nicht weniger die Frucht einer tiefgreifenden Erfahrung und führen zu einer Weisheit, die um so beeindruckender ist, als sie einen dauernden Triumph des Willens über die Bedingungen darstellt. Denn man braucht eine ebenso starke wie schlichte Seele, um in der Sahara zu leben . . .

Sahara – ein Traumwort, ein Wort voller Träume, sonnenverbrannter Träume. Ein Land unendlicher und leerer Weiten. Ein Land des Durstes, wo das Leben ein Wunder ist, ein unbewußtes Heldentum. Im Tanesrouft, dieser Wüste der Wüsten, entdeckt der Reisende nichts als eine ihn auf 360 Grad umzingelnde Mondlandschaft. Die düstere Ebene verschwimmt am Horizont mit einem bleifarbenen Himmel. In ihren Ausmaßen ist sie nur mit einem Ozean vergleichbar, mit dem Unterschied, daß hier die Wellen erstarrt, versteinert, tot sind. Doch der Mensch, der dieser Landschaft trotzt, wird wie ein Seemann dem Kap zusteuern. Einige Pisten sind so schwierig, daß sie seit Menschengedenken nicht mehr begangen wurden. Die Erinnerung an die Brunnen hat sich verloren, und ihre Namen werden nur noch in Legenden aufbewahrt . . . Es ist schon so lange her, daß die «Menschen des Morgens» und mit ihnen eine schöne und fruchtbare Sahara verschwanden. Nur ihr Bild bleibt noch den abendlichen Träumen am Lagerfeuer.

Was hier in poetischen Worten umschrieben wurde, bedeutet praktisch, daß man unterwegs auf niemanden zählen kann. Ein Brunnen ist nur ein abstrakter Punkt auf der Karte, der erst dann Realität gewinnt, wenn man das Wasser auf seinem Grund glitzern sieht. Wie viele Karawanenführer lernten nicht schon die Angst vor verschwundenen Brunnen kennen, die der Sand zuwehte und damit auf der Tafel geographischer Realität löschte. Und selbst wenn es gelingt, seinen Standort wieder zu ermitteln, der Brunnen muß – wie man in der Wüste sagt – «im Wasser» sein; das heißt, man muß an die kostbare Flüssigkeit auch herankommen, die sich erst in 60, 80, sogar in 100 Meter Tiefe findet. Nur allzuoft ist das Wasser eine übelriechende Lauge, von Tieren verunreinigt, die verdurstend hineinstürzten und im «rettenden Naß» ihr Grab fanden. Ein Brunnen ist in der Sahara selten durch eine Einfassung markiert. Meist besteht er aus einer Öffnung auf gleicher Höhe mit dem Sand; sein einziger Luxus besteht aus einem Gestell krummgewachsener Baumstämme – die von weit her herangeschafft wurden –, damit man stehend Wasser schöpfen kann. An zahlreichen Orten, wo der Sand die Brunnen immer wieder zu verschlingen droht, deckt man sie nach jedem Gebrauch mit flachen Steinen ab. Es bleibt dem nächsten überlassen, die genaue Stelle wiederzufinden! Das Wasser – immer das Wasser – ist der Grund der geheimen Ängste, die den Menschen
31 beklemmen, sobald er die Annehmlichkeiten der Oase verläßt.

232

231 Obschon sie den Islam als ihre Religion beanspruchen, haben sich die Tuareg in dem, was ihre Glaubensvorstellungen anbetrifft, einen betonten Partikularismus zu bewahren gewußt, was schon bei der einzigartigen Tatsache anfängt, daß sie nur einen ganz kleinen Teil ihres Gesichtes zeigen dürfen. Die Tuareg aus dem Aïr tragen gern von ihren Schmieden (den *mahelmin*) mit Meisterhand angefertigten geometrischen Schmuck. Diese Verwendung gerader Linien steht im Gegensatz zu den klassischen arabischen Rundformen.

232 Die Gesellschaft der Tuareg weist eine matriarchalische Struktur auf. Diese Imzadspielerin (das Imzad ist ein einsaitiges Musiinstrument) preist die großen Taten ihrer Ahnen, wie sie ihr von ihrer Mutter überliefert worden sind; sie ist die Bewahrerin der Tradition. Die schwierige Kunst des Imzadspiels verliert sich jedoch mehr und mehr. Das Instrument ist aus einer halben Kalebasse hergestellt, über die Schafshaut gespannt ist, der Steg besteht aus dem Holz der Lorbeerrose.

Die Mechanisierung des Transports hat die wesentlichsten Probleme sicherlich zum Teil gelöst. Ein Lastkamel konnte nur um den Preis einer relativen Regelmäßigkeit überleben: achtzig Kilogramm Last bei maximal vierzig Tageskilometern. Dies war bereits eine Verbesserung gegenüber den Lastochsen, die zweifellos das bevorzugte Transportmittel des Neolithikums darstellten. Heutige geländegängige Fahrzeuge schaffen zwar spielend die zehnfache Tagesstrecke, doch ist es keineswegs leichter geworden, abseits der großen Karawanenstraßen Wasserstellen zu finden. In der Sahara zu verdursten kann auch heute noch etwas durchaus Alltägliches sein.

Denn trotz der modernen Technik – die fürchterliche Trockenheit bleibt, die schließlich den Bedingungen unseres Planetensystems unterliegt, und nichts veranlaßt zu glauben, daß der Sand demnächst unter einer weniger schrecklichen Sonne brennen wird, unter einer gnädigeren Sonne, die ihn im Sommer mittags nicht mehr auf über 70 Grad erhitzen würde.

Man hätte jedoch unrecht, wollte man nur die dramatische Seite der Wüste sehen: Jene, die sie durchquerten und nicht von ihr in Bann geschlagen wurden, haben sie nicht begriffen oder nie zu sehen gelernt. Sie ist Schule und Konservatorium in einem, Museum und Zufluchtstätte, eine ganz besondere Dimension der Welt und eine ethnische Anforderung – sie, die Sahara, ist ein ungeheures Reservoir an Reichtümern und Energie. Für den, der Augen hat und sich ihrer bedient, bewahrt sie vor allem unvergeßliche Schönheiten auf. Das Leben in ihr ist nur für jene ausgestorben, die selbst nicht genügend Lebenskräfte haben, um sich über die Findigkeit und Hartnäckigkeit zu verwundern, mit denen dieses Leben den Fallen einer feindlichen Natur entgeht. Sicher, der Sand ist eine fürchterliche Krankheit. Langsam, aber unabänderlich breitet er sich über alles aus, stürmt die

233 Steilwände, zersetzt die Felsen und droht die Oasen zu verschlingen. Einer der besten französischen Geographen fand dafür die recht treffende Bezeichnung «Elephantiasis der Wüste». Im Grunde jedoch ist nicht der Sand, sondern allein der Wind verantwortlich. Hat er den Regen gehindert, den Sand zu festigen, indem er die Wolken abhielt oder weitertrieb, bediente er sich des Sandes wie einer Waffe, um die Sahara noch unwirtlicher zu machen. Wenn aber doch einmal Regen fällt, verwandelt sich die Düne in einen übergroßen Schwamm, der das Wasser des Himmels zurückhält und nur ganz langsam wieder an seine Umgebung abgibt. Die Gazellen wissen das sehr gut, denn sie ziehen häufig auf Futtersuche den Dünen entlang.

233 Die Mauren, wie ihre Vettern, die Tuareg, sind Berber. Sie bewohnen das heutige Mauretanien. Man begegnet ihnen oft, wenn sie, wie hier bei Aïn ben Tili, mit ihren schwer beladenen Kamelen von einem Lager zum andern ziehen. Typisch ist der breite Frauensattel, dessen Fragilität und Mangel an Gleichgewicht offensichtlich sind.

Wer nicht schon das gesunde, aber rauhe Leben des Nomaden geteilt hat, kann sich schwerlich die Freude über das Grünen vorstellen, das der kürzeste Regenguß aus dem Nichts hervorzaubert. Doch noch schwieriger fällt die Vorstellung, wie sich die tote Weite eines Reg, einer Kieselwüste, unter dem betäubenden Schauspiel eines Sturms verwandelt: Die erste Überraschung ist, daß der bis jetzt so harte Boden unvermittelt so etwas wie ein weicher Brei wird; ebenso unvorbereitet sieht man darauf einen Fluß an einer Stelle entstehen, wo zuvor nur eine ausgetrocknete, kaum sichtbare Rinne existierte. Ein unvergeßlicher Anblick! Man gewahrt eine Mauer aus Wasser, die sich unter Höllenlärm und mit der Geschwindigkeit eines galoppierenden Pferdes heranwälzt. Vor sich her schiebt sie den «Schaum der Wüste», Zweige, Stroh und all die mikroskopischen Bestandteile, die der Wind über Hunderte von Kilometern hergetragen hat. Ver- 234

234, 235 Dieser Alte aus Tidjikja, Südmauretanien, besitzt die typischen Züge seiner Rasse (234). Die Sonne und das Leben in den weiten Räumen haben sein Antlitz gemeißelt und ihn geprägt. Ziemlich weit von da, in Chirfa im östlichen Niger, zeigt uns Indi Kouarodo (235) ein anderes Muster afrikanischer Schönheit. Der reiche Zierat ihres Gewandes stammt aus dem nahen Libyen.

235 23

derben also für den, der im Bett eines Wadi kampiert. Er läuft Gefahr, in der Wüste zu ertrinken, denn die Strömung ist so gewaltig, daß kaum eine Überlebenschance besteht. Eine vernünftige Anweisung untersagte übrigens den französischen Sahara-Truppen, selbst bei schönem Wetter ihr Lager in Senken aufzuschlagen. Denn man sah schon Flutwellen, aber auch Wasserhosen bei wolkenlosem Himmel daherstürmen. Der Regen war Hunderte von Kilometern entfernt gefallen! Dies geschieht allerdings sehr selten, wie es überhaupt Gebiete in der Sahara gibt, in denen es seit mehr als zehn Jahren nicht mehr richtig regnete.

Wenn das Wunder aber geschieht, dann mit verwirrender Schnelligkeit: Der gestern noch ausgetrocknete und verbrannte Boden bedeckt sich mit einem zarten, zerbrechlichen Grün. Einige Tage später wird sich die von flüchtiger Gnade berührte Wüste sogar mit bunten Blumen überziehen. Wie konnten ihre Samen in diesem Glutofen überleben? Woher kamen sie? Niemand weiß es genau. Die Nomaden werden sich noch lange des denkwürdigen Ereignisses erinnern, das ihnen künftig als geschichtlicher Orientierungspunkt gilt. «Im Jahr, da der Wadi X . . . Wasser führte», werden sie sagen.

Es sind aber weniger die Regenfälle, die der Sahara das nötige Wasser zuführen. Die Oasen liegen meist am Fuß von Felsplateaus, wo noch einige spärliche Quellen fließen, die ein eigentlich «fossiles Wasser» liefern. Besonders jenes im Tidikelt: Während Tausender von Jahren war es als Regen auf die Abhänge des saharischen Atlas niedergegangen, sickerte infolge der Kapillarität des Kieselgesteins durch und tritt jetzt hier, tief im Süden, wieder heraus. Wenn diese Quellen versiegen, werden auch die Oasen dem Untergang geweiht sein.

Beispiel sei das Drama des kleinen Dorfes Amrenane, einigen Hütten aus rotem Lehm. Das Wasser fanden die Bewohner in einem jener Tunnel, die, von Menschenhand angelegt, zuweilen sehr weit unter die Erde reichen und die das Sickerwasser auffangen. Eines Morgens, als die Frauen ihre *gerbas* wieder auffüllen wollten, bemerkten sie entsetzt, daß das Wasser verschwunden war. Die Bewohner entschieden sich daraufhin sofort zur Aufgabe ihres Dorfes, beluden ihre Kamele mit ihrer ärmlichen Habe und reisten in der Hoffnung ab, die nächstgelegene Quelle zu erreichen. Man sah sie niemals wieder. Sehr viel später fand eine Streife die Überreste dieser unglücklichen Karawane.

Dieser Vorfall bestätigt in gewisser Weise eine Vermutung der Vorgeschichtler: Die neolithische Zivilisation der Sahara scheint an vielen Orten nicht langsam erloschen, sondern vielmehr brüsk von der Karte gestrichen worden zu sein. Alles Gerät blieb praktisch unbeschädigt liegen. Tongefäße enthalten sogar noch Samenkörner. Schmuckgegenstände, Waffen und Werkzeuge – alles scheint wegen einer unmittelbar drohenden Katastrophe aufgegeben worden zu sein . . . Was sich aber wirklich abspielte, werden wir vielleicht niemals mit Sicherheit wissen. Eine Hypothese, die sich übrigens auch gut auf den Fall Amrenane anwenden ließe, spricht von einem Erdstoß, der die Quellen verschüttete und die Bewohner zur Flucht trieb.

Immerhin wurde damit wiederum auf das Hauptproblem der Sahara verwiesen, die Bindung ihres Wasserhaushaltes an die besonderen klimati-
37 schen Umstände. Für den Prähistoriker ist an der heutigen Trockenheit

236, 237 Angesichts dieser schönen afrikanischen Typen möchte man annehmen, ein anthropologischer Katalog würde uns über ihre rassischen Merkmale Aufschluß geben und ihr Ursprung stelle kein Problem dar! Das ist aber eine gefährliche Täuschung: kein Spezialist hat bisher sagen können, woher die Tubu (auch Tebbu oder Tibbu) kommen, die vielleicht seit prähistorischer Zeit im Tibesti siedeln. Während der schwarze Einschlag bei dem Tubuschmied von Bild 237 unbeträchtlich ist, trifft das bei dem Kanurimädchen aus Séguédine, Niger, dessen Haartracht von Stunden geduldiger Arbeit zeugt, nicht zu (236). Die Abstammung ist in diesem Fall ganz eindeutig negrid, was durch die prächtigen Schultern und die hier nicht sichtbaren schlanken Glieder noch unterstrichen wird. Der Nasenring stellt eine Schlange dar, die sich in den Schwanz beißt, was das Schmuckstück so zu schließen erlaubt, daß die Ringöffnung nicht mehr sichtbar ist. Der Tubuschmied von Bardaï, im Herzen des Tibesti (237), hat eine äußerst wichtige Funktion, denn er ist auch Musikant und leitet als solcher bei Festen die Tänze. Man könnte sich diesen Mann sehr gut auf irgendeinem Seeräuberschiff auf dem Roten Meer vorstellen.

natürlich keine himmlische Verfluchung schuld. Er weiß vielmehr, daß dieses unendliche Gebiet schon zu mehreren Malen von dieser schrecklichen Krankheit befallen wurde, und vermutet sogar eine Periodizität von Fruchtbarkeit und Dürre. Der Zeitpunkt aber, wann der heutige Zustand endet, kann nicht bestimmt werden. Mag sein, daß es dem erfinderischen Geist des Menschen gelingen mag, den Wechsel schneller herbeizuführen, damit diese «schönste Wüste der Welt» wieder zu dem «Garten Eden» – oder zumindest fruchtbarer als heute – wird, der sie einmal war. Es gibt Menschen, die diesem grandiosen Projekt ihr Leben widmen, und wer wagte es utopisch zu nennen, der den Triumph der Raumfahrt miterlebt hat. Allerdings ist es zweifelhaft, ob das Heilmittel gegen die Unfruchtbarkeit der Sahara in ihr selbst gefunden werden kann. Das Wasser, das die Erdölförderstationen benötigen, kommt sie oft viel teurer zu stehen als das kostbare Objekt ihrer Arbeit.

238

238 Nein, das ist keine Photomontage, sondern ein «Gemeinschaftstransport», der dem Konstrukteur des Camions zur Ehre gereicht. Auf einer Last von 15 Tonnen haben sich 53 Reisende so gut wie möglich eingerichtet, um die mehreren hundert Kilometer zurückzulegen, die Sebha in Libyen von Bilma im Niger trennen.

Was allzu verstiegene Phantastereien zur Erschließung anlangt, sei hier ein Beispiel zitiert, das zeigt, wie vorsichtig solche Pläne geprüft werden müssen. Der Leiter eines französischen Topographenteams in Tunesien arbeitete auf eigene Initiative aufgrund seiner topographischen Vermessungen ein ausgedehntes Programm aus, das den Durchbruch der Landenge von Qabis (Gabès) vorsah, um die Salzseen des Schott al-Dscharid mit dem Mittelmeer zu verbinden. Das Wasser sollte von einem Salzsee zum anderen durch ein System von Schleusen und windradgetriebenen Pumpen immer weiter landeinwärts geleitet werden. Wohlgemerkt, es war nicht zur Bewässerung bestimmt. Die alten Seen sollten wieder aufgefüllt werden, um durch den natürlichen Zyklus Verdunstung, Wolkenbildung, Regen eine viel allgemeinere Bewässerung zu ermöglichen als irgendwelche Kanalsysteme. So der Plan. Man mag argwöhnen, es handle sich dabei um einen Studentenscherz. Das Projekt wurde jedoch mit der Unterstützung einer vermögenden Persönlichkeit der damaligen Zeit so weit vorangetrieben, daß man sich in Paris zeitweise um die Vorkaufsrechte auf bestimmte, für lukrativ angesehene Posten stritt. Schließlich wurde eine Gesellschaft zur Auswertung des Roudaire-Projektes, wie es genannt wurde, gegründet. Die Sache nahm einen solchen Umfang an, daß die französische Regierung eine Studienkommission einsetzte. Und damit zerschlugen sich die Träume, denn die Kommission hatte keine Mühe nachzuweisen, daß der Durchbruch der Landenge vergeblich gewesen wäre: die Höhenkurven, auf denen der Plan beruhte, waren falsch.

Die heutigen Projekte sind weitaus seriöser. Gegenwärtig wird versucht, durch «Melken» der Wolken künstlich Regen herbeizuführen oder Meerwasser zu entsalzen und ins Land zu pumpen. Bis heute jedoch ist die Wüste nicht besiegt, und die Dschinnen werden fortfahren, die Brunnen und Berge zu verhexen. Es ist indessen beruhigend festzustellen, daß das Leben unerschütterlich «weiter mitmacht»: Da die Samen der saharischen Flora nicht mehr auf den klassischen Rhythmus der Jahreszeiten vertrauen können, haben sie sich mit einer ungewöhnlichen Keimfähigkeit ausgestattet. Tiere sind weit weniger selten, als man glauben möchte, und haben für das Überleben in der Wüste so besondere Sinne und Fähigkeiten entwickelt, daß selbst Fachleute immer von neuem erstaunt sind. Der Mensch seinerseits entdeckte in sich selbst einen Erfindungsreichtum, der seinen

Fortbestand sicherte. Jede Oase ist so zu einem Meisterwerk geworden, in dem nichts dem Zufall überlassen bleibt. Nur dem Europäer kann es geschehen, das jederzeit Planvolle hinter der Oberfläche zu übersehen: Kleidung und Wohnkultur, Nahrung und Transport, alles dokumentiert vollendete Formen der Adaption von Gegebenheiten und Möglichkeiten. Und wie beschränkt sind doch die Rohstoffe! Davon überzeugt schon ein Blick auf die Konstruktion einer *rahla,* des eleganten Kamelsattels der Nomaden, oder auf die Wasserverteilung in einem Palmenhain. Diese vollendete Anpassung wird auch schon durch den Nomaden vorgeführt, der dort sein Feuer zu entfachen vermag, wo kein Europäer es für möglich halten wird. Inzwischen jedoch ist der Kunststoff in die Sahara eingezogen, und zwar vor allem als billiger Schmuck und als Sandalen. Die anderen Erzeugnisse unserer Konsumgesellschaft erfreuen sich keiner besonderen Gunst. Zunächst wohl deswegen, weil sich das Land kaum dem Modernismus öffnet, und dann, weil Geld in der Sahara ein sehr relativer Wert ist. Gute Kamele, einige Ziegen oder Esel bieten höheren Anreiz und bessere Garantien als Geld, von dem man nicht weiß, was man damit anfangen soll.

Doch was morgen sein wird, ist eine andere Sache.

239

239 Die asphaltierte Straße kommt von Algier und verschwindet am Horizont gegen Gassi Touil (Algerien). Unverschämt, unerwartet, überraschend und überflüssig wirkt dieses Parksignal. Doch es markiert nur zu deutlich das Ende einer Epoche, und das Lächeln, das es zuerst hervorruft, endet in einer traurigen Grimasse.

Schlußwort

In einer sehr kalten Februarnacht lagerte eine kleine Gruppe von Wissenschaftlern am Fuß einer uralten Zypresse inmitten des Tassili, umringt von gewaltigen Felsen. Auf einem von ihnen hatte man im Laufe des Tages bisher unbekannte Felsbilder entdeckt. Der einheimische Führer hatte sie lange betrachtet, und als man ihn fragte, was er darüber denke, sagte er in einem Ton, der keinen Einwand duldete: «Imnas bekri» (Die Menschen des Morgens). Gaben diese Worte wirklich alle seine Gedanken wider? Er hatte in der Armee Kamelreiterstaffeln angehört und galt als vernünftiger Kopf. Kaum aber war die von ihm geführte Gruppe in die Schluchten des Tassili gelangt, veränderte sich seine Haltung. Offensichtlich widerstrebte es ihm, das Gebirge zu betreten. Jetzt vollzog er vor dem Holzfeuer das Ritual der Teezubereitung, während die Europäer der Gruppe unter sich plauderten. Plötzlich löste sich irgendwo, nicht allzu weit entfernt, ein Felsblock und stürzte donnernd die Steilwand hinunter. Das Echo ließ das Getöse des Sturzes hundertfach anschwellen, so daß der Eindruck entstand, das ganze Gebirge bräche zusammen. Der erschreckte und totenbleich gewordene Führer deutete in die Richtung, von wo jetzt ein starker Feuersteingeruch herdrang, und rief aus: «Die Dschinnen! Die Dschinnen! Ich habe sie gesehen!» – Man erklärte ihm, daß er in Wirklichkeit nur die Funken aufeinanderschlagender Felsbrocken gesehen habe. Doch ohne Erfolg. Dieser Mann, der sich im Zweiten Weltkrieg so entschlossen und mutig

240

240–242 In Rosso (240), am Senegalfluß an der Grenze zwischen Mauretanien und dem senegalesischen Staat, treffen das Kamel, das «Wüstenschiff», und die Piroge, das Flußboot, zusammen. Unsere Reise hat uns in die Sandwüsten und auf Djebel, durch die Schluchten des Tassili und ins hohe Gras der Steppe geführt. Überall sind wir Menschen begegnet, die ihr Leben aufzubauen und dabei sogar zu lachen und zu singen vermochten. Doch zum Sand zieht es unseren Sinn und, warum auch nicht, unser Herz. Dieser einzelne Mann (241), der durch das rauhe Edeyen d'Oubari (Libyen) hindurch sein Kamel über den heißen, weichen Sand führt, stellt den Triumph des Willens über die feindlichste Materie dar. Sicher, am Ende der Reise erwarten ihn wieder Palmen, ähnlich denen hier im Tal von Adjahl; doch auch diese existieren nur dank des Willens anderer Menschen, soll nicht der Sand schließlich den Sieg davontragen. Die Spuren des Menschen selbst (242), wenn er auf dem Scheitel einer Düne wandert, scheinen das gigantische Skelett eines Dinosauriers zu schaffen; doch der unermüdliche Sandwind wird auch dieses Zeichen menschlichen Lebens bald wieder auslöschen.

gezeigt hatte, verbrachte jetzt die ganze Nacht schlotternd beim Feuer und erwartete irgendwelche schrecklichen Dinge, die – wie man vermuten wird – nicht eintrafen.

Diese Geschichte wäre eigentlich ohne ihr Ende belanglos. Nachdem einige Zeit später die Arbeiten der Forschungsgruppe beendet waren und man sich bereits zum Aufbruch rüstete, fragte ein Mitglied der Gruppe diesen Führer, ob er denn bei einer späteren Expedition in den Tassili wieder mitkommen wolle. «Nein», antwortete er, «die Menschen des Morgens haben auf die Felsen geschrieben, und die Dschinnen wachen darüber. Wenn wir zurückkehren, werden sie uns töten. Diesmal wollten sie uns nur Angst einjagen.» – Dies zeigt, wie sehr die Gegenwart an die Vergangenheit gekettet ist. Von der fruchtbaren Sahara bis zur Wüste hat sich uns im 20. Jahrhundert eine lange Tradition erhalten, und im Namen dieser Tradition werden auch weiterhin die Kräfte beschworen, von denen die Rückkehr der Fruchtbarkeit abhängt. Doch müssen die unterirdischen Reichtümer die bewegenden Anrufungen jener unterstützen, denen die Sahara Vaterland ist, soll dies je Wirklichkeit werden. Man muß gesehen haben, was ein bißchen Wasser hervorbringen kann, um zu verstehen, welche Wunder sich schon morgen ereignen können. In einer Zeit, da der Lebensraum gefährlich knapp wird, bewahrt uns die Sahara unermeßliche Schätze. Und eines Tages wird es vielleicht doch möglich sein, den Zauberbann des «bösen Windes» zu brechen, der den Regenwolken den Zugang zur Sahara versperrt, eines Landes, das mit genügend Wasser eine der Kornkammern der Welt sein könnte.

Doch solange diese Wende noch aussteht, solange bleibt die Sahara ein gelobtes Land für die letzten Freunde des Abenteuers. Des wahren Abenteuers, versteht sich, das vom Menschen Ausdauer, Entsagung und Mut verlangt. Welch königliche Belohnung aber für diesen Preis! Weite und Schönheit, Größe und Erhabenheit bieten sich dem Auge dar. Und sollte es dieser überwältigenden Eindrücke müde werden, lassen sich selbst auf dem Boden mit jedem Schritt unzählige Spuren einer ebenso bewegenden wie reichen Vergangenheit entdecken.

Damit ist unsere Reise in die Vergangenheit der größten Wüste der Welt wieder zu ihrem Anfang gelangt. Welche Schlußworte auch immer möglich wären, uns scheinen die Worte eines vielleicht versehentlich auf die Pisten der Sahara verirrten Reisenden am eindrücklichsten. Was die Sahara sei, fragte er, und gab die lakonische Antwort selbst: «Ein verlorener Winkel für Philosophen.» 24

ANTOINE DE SAINT-EXUPÉRY:

«Wir lebten vom Zauber des Sandes,
andere werden Erdölquellen darin
erbohren und sich mit Handel bereichern.
Aber sie kommen alle zu spät.
Die verbotenen Palmenwälder,
der niemals zuvor betretene
Muschelsand haben uns ihr Bestes gegeben.»

243–245 Der Himmel dieser Landschaft ist der des Dichters. Obgleich verloren im Nordosten des Niger, ist die strenge Schönheit des Enneri Blaka (243) derart, daß man sie nicht vergißt. Der Fels taucht aus einem Sandmeer empor; und kaum hebt sich das wirkliche Meer, der Atlantik – Tausende von Kilometern von hier, an dem an Erinnerungen an Saint-Exupéry reichen Cap Juby – von dem den Kamelen so vertrauten Sand ab (244). Irgendwo im Tassili kehrt ein Targui (245) nach Hause zurück; und noch nichts in seiner Haltung, nichts in seiner Umgebung, nichts in seiner Kleidung bringt uns auf den Gedanken, daß die Bodenschätze der Sahara aus ihm eines Tages einen Menschen des fernen 20. Jahrhunderts machen werden. Und doch . . .!

Höre, oh Freund und Bruder: wenn du ein Kamel hast, so habe acht, es langsam zu führen, denn du mußt an seine weichen Füße denken, denen die harten Bergwege Schmerz bereiten, da sie an den weichen Wüstensand gewohnt sind.
Wenn du ein Pferd hast, lasse dich leicht sein auf seinem Rücken, daß es dich wie eine Wolke fühle und daher fliege gleich dem Wind.
Wenn du einen Gedanken hast, oh Freund und Bruder, so lasse ihn leise schreiten, mit des Kamels weichen Füßen, lasse ihn daherbrausen mit des edlen Pferdes heißer Hast und bleibe du selbst verborgen wie in einer Wolke.
Wenn du aber in deinem Geiste eine wunderbare Lüge birgst, so mache aus ihr ein Gedicht oder ein Lachen oder beides und reite schnell, sehr schnell – denn wer ein Lachen bringt mit dem Atem einer Lüge, bringt ein Geschenk.

ELSA SOPHIA VON KAMPHOEVENER

243 244 ▶

ALBERT CAMUS:

Er blieb viele Jahre in der Wüste, unbeweglich,
die Augen zum Himmel erhoben. Selbst
die Götter beneideten diese Weisheit und
dieses steinerne Los. In seinen ausgestreckten,
steif gewordenen Händen nisteten die Schwalben.
Aber eines Tages flogen sie weg
und kehrten nicht wieder. Und er,
der Verlangen und Willen, Ruhm und Schmerz
in sich abgetötet hatte, er begann zu weinen.
So sprießen die Blumen aus den Steinen.

Glossar

Kein Wörterbuch kann den außergewöhnlichen geographischen Wortschatz des Arabischen und insbesondere der Saharabevölkerung in seiner Vollständigkeit wiedergeben. Daß sich in dem gewaltigen Gebiet zwischen dem Atlantik und dem Roten Meer unzählige Aussprachesschattierungen finden, versteht sich von selbst. Jede Wiedergabe in eingedeutschter Schreibweise muß deshalb ein Annäherungswert bleiben.

Neben geographischen wurden einige weitere für die Sahara wichtige Begriffe ausgewählt.

ar = arabisch
be = berberisch
pl = Plural
m, w, s = männlich, weiblich, sächlich

A

abankor (be, pl: *ibenkar*): wenig tiefe Mulde, bei der man nach kurzem Graben auf Wasser stößt. Oft wird auch die weibliche Form *tabankort* verwendet. Abgesehen von einigen leichten Nuancen ist *abankor* Synonym von → *ogla* (ar) oder → *tilmas* (be).
adrar (be-ar, pl: *idraren*, w: *tadrart*): Berg, besonders langgezogene Bergkette, Bergland. In Mauretanien: langgestreckte Düne.
agadir (be, pl: *aguadir*): befestigter Speicher.
agelhok (be, pl: *igelhâk*): Senke mit stagnierendem Regenwasser.
agelman (be, pl: *igelmanen*): Sammelname für alle natürlichen seichten Wasserflächen.
aïn (ar, pl: *aïun*, Diminutiv: *aïnet*): gebräuchlichster Name für «Quelle».
akle (ar): schwierig zu passierendes Wanderdünengebiet.
anu (be, pl: *unan*): Wasserloch, das weniger als eine Seillänge (ungefähr 20 m) tief ist.
asrir (be): gleichbedeutend mit dem arabischen → *reg*.
assîf (ar-be): Fluß.
atakôr (be): eigentlich Sattelknopf, übertragen die Höcker des Hoggarmassivs.
auker: ausgedehntes Dünengebiet, bei dem die einzelnen Dünen parallel laufen.
azelaï (be): die Salzkarawane, übertragen auch deren Route.

B

bâb (ar): Tor, Meerenge.
bâdiya (ar): Wüste.
bahr (ar): Meer, See, Strom. In Nordafrika vor allem ein dauernd vorhandener See.
bandar (ar): Hafen, Bucht.
barah (ar): Teich, künstlicher Hafen.
barzah (ar): Kap.
bâten (ar): wörtlich Bauch, übertragen die Front einer Cuesta (einer Schichtstufe) am Fuß eines felsigen Steilhangs.
batha (ar): im allgemeinen sandiges Tal, manchmal der Wasserlauf selbst; im Tschad Synonym für → *wadi*.
batin, batinah (ar): Depression, Senke.
bir (ar, pl: *biâr*): Brunnen, Wasserloch; Synonym für *hassi*.
birka (ar): See.
bled (ar): Ort, Land; übertragen: das bewohnte Gebiet. In der französischen Umgangssprache Synonym für «Kaff».
buhaira (ar): See.

C

chard (ghard) → *churd*.
châm (ar): Nord-.
charqî (ar): Ost-.
chott → *schott*.
churd (ar): große Düne mit wanderndem Kamm, meist inmitten eines Systems kleinerer Dünen.

D

daïa (ar): Sumpf; in der Sahara die nach Regenfällen sich bildenden stehenden Wasser.
dakhla (ar): eigentlich «Eingang», übertragen für Schlucht oder Couloir zwischen zwei Dünensystemen.
dar, dâr, dhar (ar): Haus, Gegend.
dauhat, dawhat (ar): Bucht.
daula, dawla (ar): Staat.
djebel, djibal → *dschebel*.
djezîra, djezir (ar): Insel.
drâa (ar): eigentlich «Arm», übertragen Gebiet langgestreckter Dünen.
dschebel (ar, pl: *dschebâl*, Diminutiv: *dschebilet*): Berg.
dschua (ar): eigentlich «Scheide, Futteral», übertragen am Fuß eines Abhangs entlanglaufendes Couloir.
dschuf (ar): eigentlich «Bauch», übertragen Geländebecken.

E

edeyen (ar-be): Dünenwüste.
edscheleh (be): wörtlich Mistkäfer (Skarabäus), übertragen dunkler Felsbuckel, der aus der Sandwüste emporwächst.
emi (be): Mund, Öffnung. Arabisch → *fum*.
enneri (be): Fluß, Synonym von → *wadi*.
erg (ar, pl: *orug*): wörtlich Ader. Erg hat unterschiedliche Bedeutungen, in der Sahara bezeichnet es vor allem die riesigen, weitverzweigten Dünensysteme; allgemeiner einfach Staubwüste.

F

fedsch (ar): Paß, Durchgang zwischen Dünen.
feschfesch (ar): tiefer Staubboden, der schwierig zu passieren ist.
foggara (ar, pl: *feggair*): Stollen, der das Wasser zur Oase führt.
fum (ar): Mund, Öffnung. Berberisch → *emi*.

G

gabal, gebel → *dschebel*.
ganubiyah, chanubiyah (ar): Süd-.
gara (ar, pl: *gur*): isolierter Berg. → *hadbah*.
gard, ghard → *churd*.
gassi (ar): hart, übertragen Durchgang zwischen Dünen mit festem, gut begehbarem Boden im Gegensatz zum → *fedsch*, dessen Grund weicher, sandiger ist.
gelb (ar): Herz, übertragen isoliert stehende Erhöhung in einer Ebene, Gipfel einer aus einem Erg emporwachsenden Düne.
gelta (ar): Tümpel in Tälern oder Felsschluchten, meist von Sickerwasser gespeist.
gerba (ar): Wasserschlauch, meist aus einem Ziegenfell hergestellt und 20 bis 30 Liter fassend.

H

had, hadd (ar): Spitze.
hadbah (ar): isolierter flacher Bergstock aus Felsen und Geröll.
hamada (ar): meist wenig gegliederte Schutt-, Steinwüste.
harra, charra (ar): Lavawüste.
hassi (ar): Sammelname für Wasserloch, Brunnen. Synonym von → *bir*.

hawr (ar): Flußarm, Mündung.
hur, chur (ar): Flußbett.

IJ

icharchar, igharghar (Tuareg) → wadi.
idehan (ar-be) → *edeyen*
irq → *erg*.
janubiya (ar): Süd-.

K

kedia → *kudia*.
kef (ar, pl: *kifan*): steil abfallende Felsspitze.
khandeg (ar): unterirdischer Abzugskanal, Entwässerungsröhre.
khashm (ar): Mund, Mündung.
ksar (ar, pl: *ksur*): Schloß, Burg, übertragen Felsbastion.
kudia (ar): rundlicher alleinstehender Hügel, kleine Erhebung.

M

ma (ar): Wasser, übertragen die Wasserstelle.
mader (ar): Ausdehnung, Erweiterung. Bezeichnet das nach einem Regen überflutete Gebiet, das nachher oft bebaut wird.
mamar (ar): Paß.
medschbed, meschbed (ar): die Wegstrecke von einer Wasserstelle zur andern.

O

ogla (ar, pl: *oglât*): wenig tiefes Wasserloch, meist vom Sand zugedeckt, das aber vom Benützer leicht freigelegt werden kann. Die *agal* ist die kurze Kamelleine, die die geringe Tiefe des *ogla* wiedergibt.
ouâdî (ar), *oued* (französisch) → wadi.

Q

qala, qalat, qasr (ar): Burg, Festung. → *ksar*.
qanat (ar): Kanal.
qâret, qaryat, qurayyat (ar): Dorf, Anhöhe.
qiblah (ar): gegen Mekka; südlich.

R

ramla (ar): Sand.
ras (ar, pl: *rus*, w: *ruissat*): Kopf, übertragen die Quelle, der Ursprung, der Ausgangspunkt; topographisch: Kap, Gipfel, Felsvorsprung.
redschem (ar): Bake, Boje; in der Wüste Orientierungspunkt.
reg (ar): Kieselwüste.

S

sadd (ar): Damm.
sahara, sahra (ar): wörtlich «von gelber Farbe», übertragen Wüste.
sahel (ar): wörtlich «Ufer», übertragen «das, was angrenzt»; in Nordafrika die fruchtbarere südliche Randzone der Sahara.
sam, samiyah (ar): Nord-.
sâqiet (ar): Berieselungsanlage. → *segia*.
sarîr, serír (ar): Kieswüste.
schebka (ar): Netz, übertragen ein von einem Netzwerk von Gräben zerschnittenes Gelände.
schott (ar): Salzsee, -sumpf.
sebkra (ar): großflächige Senke, in der das verdunstende Wasser Salz ablagert; kann auch als Bezeichnung für eine Saline verwendet werden.
segia (ar, französisch: *séguiet*): Bewässerungskanal, Wasserlauf; übertragen Flußbett.
sif (ar): wörtlich Säbel, Schwert; übertragen der Kamm einer Düne.
sinn (ar): Zahn, Gipfel.
suq, suk (ar): Markt.

T

tachit, tarit (be): Talenge.
tall, tell (ar): Hügel, häufig durch die Aufeinanderfolge von Siedlungen gebildet, vor allem im Nahen Osten.
tamesna (be): Ebene.
tamilah (ar): Wasserlauf.
tanezruft (be): ausgedehnte Ebene.
tarf (ar): Rand, Ende; übertragen der Abbruch eines Felsvorsprungs oder Vorgebirges.
targui, targi: Singular von *tuareg* (berberisches Saharavolk).
tassili (be): große Hochebene.
tayart (be, Diminutiv *theiret, tayaret*): Tal, Couloir mit sandigem Grund zwischen Dünen.
tenere (ar-be): *reg* oder Kieselwüste, in der Quarzitkies vorherrscht.
tifinagh: die Schriftzeichen der Tuareg, die sich aus der Lybischen Schrift entwickelten.
tilmas (be, möglicherweise Plural von *tilemsi*): wenig tiefes Wasserloch, meist mit Sand zugedeckt. → *abankor, ogla*.
tin (ar): Lehm.
tit (be): Quelle.
tizi (ar): Paß.
trik (ar): Route, Weg, wichtige (Karawanen-)Straße.
tub (ar, pl: tuba): sonnengetrockneter Lehmziegel.
tura (ar): Fluß, Kanal.

U

uad → *wadi*.
uau (ar-be): Oase.
uglat → *ogla*.

W

wadi, wâd, wâdî (ar): Trockenfluß, -tal. → *icharchar, batha*.
wahat (ar): Oase.

Register

G

H

I

J

K

T

U

V

W

Ausgewählte Bibliographie

Alimen, H., Atlas de Préhistoire, Band I, Editions Boubée, Paris 1950.
Almagro-Baesch, M., und Almagro-Gorbea, M., Estudios de Arte rupestre nubio, Band I, Memorias de la mision arqueologica en Egipto, Madrid 1968.
Arkell, A. J., Wanyanga and an Archaeological Reconnaissance of the Southwest Libyan Desert, Oxford University Press, New York 1964.
Balout, L., Préhistoire de l'Afrique du Nord, Editions Arts et Métiers Graphiques, Paris 1958.
Breuil, H., Les Roches peintes du Tassili n'Ajjer, d'après les relevés du colonel Brenans, Editions Arts et Métiers Graphiques, Paris 1954.
Burthe d'Annelet (M. de), A travers l'Afrique française: du Cameroun à Alger (1928 bis 1931), Editions P. Roger, Paris 1932.
– Du Sénégal au Cameroun par les confins libyens (1935), Editions Firmin-Didot, Paris 1939.
Camps, G., Monuments et Rites funéraires protohistoriques, Editions Arts et Métiers Graphiques, Paris 1961.
– Amenki, Néolithique ancien du Hoggar, mémoire du Crape N° X, Editions Arts et Métiers Graphiques, Paris 1969.
Camps-Fabrer, H., Matière et Art mobilier dans la Préhistoire nord-africaine et saharienne, Editions Arts et Métiers Graphiques, Paris 1966.
Clark, J. D., The Spread of Food Production in Sub-Saharan Africa. Papers in African Prehistory, Cambridge University Press, Cambridge 1970.
Despois, J., L'Afrique du Nord, Band I, PUF, Paris 1949.
Flamand, G. B. M., Les Pierres écrites (Hadjrat-Mektoubat) – gravures et inscriptions rupestres du Nord africain, Editions Masson, Paris 1921.
Frobenius, L., Ekade Ektab, die Felsbilder Fezzans, Leipzig 1937.
– Madsimo Dsangara. Südafrikanische Felsbilderkunst, Band II, Atlantis-Verlag, Berlin 1932.
– Das unbekannte Afrika, München 1923.
– und Fox, M., Prehistoric Rock Pictures of Europe and Africa, Museum of Modern Art, New York 1937.
– und Obermaier, U., Hadschra Maktuba. Urzeitliche Felsbilder Kleinafrikas, München 1924.
Gauthier, E. F., Le Sahara, Editions Payot, Paris 1946.
Hugot, H. J., Recherches préhistoriques dans l'Ahaggar nord-occidental, Editions Arts et Métiers Graphiques, Paris 1953.
– (unter der Leitung von), Missions Berliet-Ténéré-Tchad, Documents sc., Editions Arts et Métiers Graphiques, Paris 1926.
Lhote, H., Les Touaregs du Hoggar, Editions Payot, Paris 1955.
MacBurney, C. B. M., The Haua Fteah (Cyrenaica) and the Stone Age of the South-East Mediterranean, Cambridge University Press, Cambridge 1967.
Maître, J.-P., Contribution à la Préhistoire de l'Ahaggar V, Tefedest central. Centre algérien des recherches anthropologiques, préhistoriques et éthnographiques, Mém. Band 17, Algier 1971.
Mori, F., Some Aspects of the Rock Art of the Acacus (Fezzan Sahara) and Data Regarding it. Prehistoric Art of the West Mediterranean and the Sahara, Aldine Publishing Company, Chicago 1964.
Nicolas, F., Tamesna, Les *ioullemmeden* de l'Est, Imprimerie Nationale, Paris 1950.
Obermaier, H., L'Age de l'Art rupestre nord-africain, *L'Anthropologie,* Band 61, Paris 1931.
Sandford, K. S., und Arkell, W. J., Paleolithic Man and the Nile-Fayum Divide, University of Chicago Press, Chicago 1929.
Tschudi, J., Nordafrikanische Felsmalereien, Sansoni Editore, Florenz 1955.
– Les Peintures rupestres du Tassili n'Ajjer, Editions La Baconnière, Neuchâtel 1956.
Vandier, J. Archéologie égyptienne, Band I: La Préhistoire, Ed. Picard, Paris 1952.
Wendorf, F. (unter der Leitung von), The Prehistory of Nubia, Southern University Press, Dallas 1968.

Karte der Sahara

Die Schreibweise der geographischen Namen wurde in der jeweiligen europäischen Amtssprache der afrikanischen Staaten belassen, also für die ehemaligen französischen Kolonialgebiete Französisch und für die britischen Englisch.

Übersetzung der in der Karte erwähnten geographischen Begriffe:
Edeyen (arabisch-berberisch): Dünenwüste
Enneri (be): Trockenfluß, -tal
Hamada (ar): Schutt-, Steinwüste
Oued (fr) = Wadi (ar): Trockenfluß, -tal

Die Ziffern entsprechen den Nummern der Bildlegenden und zeigen, wo die jeweilige Aufnahme entstand.

Dieser Ausschnitt korrespondiert mit der umstehenden Falttafel

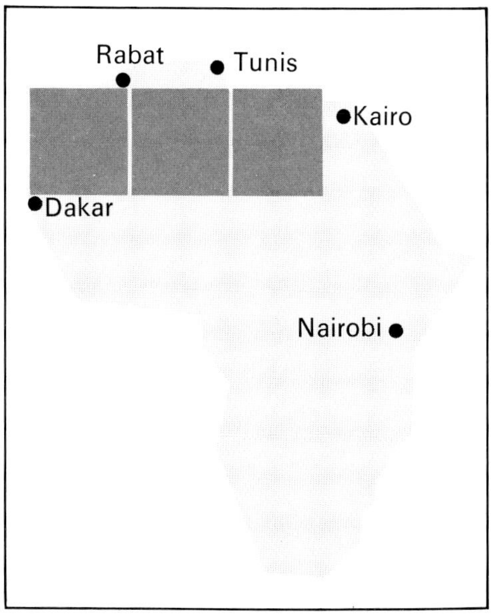

Erg
(Dünen, dunes)
Massifs montagneux
(Gebirge, mountains)
Routes et pistes importantes
(wichtige Strassen und Pisten,
important roads and tracks)
SUISSE
SCHWEIZ
SWITZERLAND
Safi
Marrakech
MAROC
ATLAS
Agadir
183
4
244
Tarfaya
Hamada du Drâa
AAIUN
Tindouf
Seguiet el Hamra
182
66
93
Smara
132
233
Erg Iguidi
OCÉAN
ATLANTIQUE
RIO
DE ORO
Bir-Moghrein
192
Villa-Cisneros
Zouerate
F'Derik
193
MAURITANIE
Taoudeni
Nouadhibou
21
Adrar
185
Atar
198
Chinguetti
14
184
186
MALI
El Djouf
234
191
48
Tidjikdja
32
49
179
NOUAKCHOTT
Tichitt
2
50
Tagant
Aouker
Oualata
201
202
240
Kiffa
Néma
Tombouctou
178
SÉNÉGAL
Sénégal
I. F. A. N. DAKAR:
22 24 28 36
23 27 29 40 41
194
223

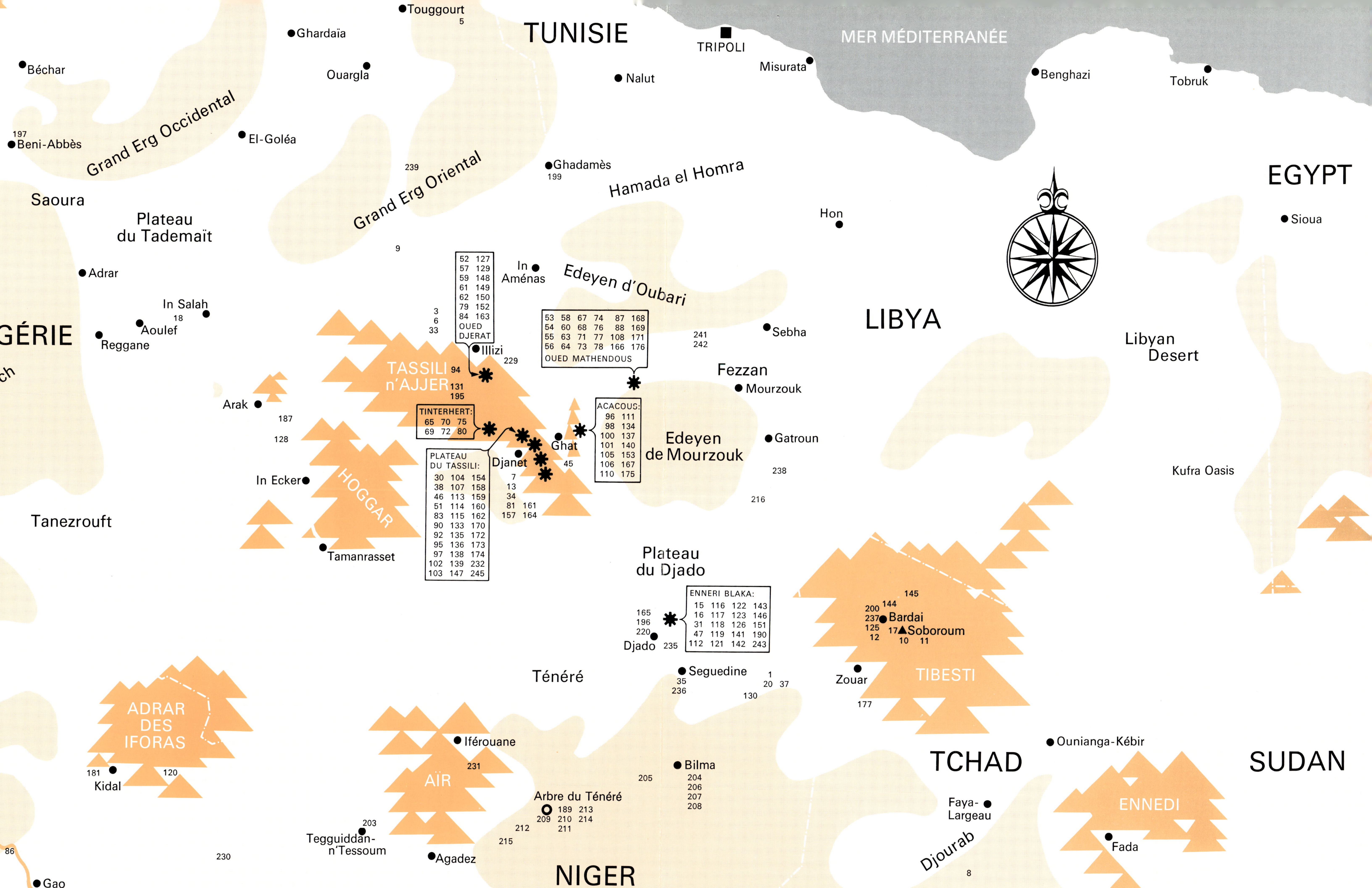

Touggourt
5
Ghardaïa
TUNISIE
TRIPOLI
MER MÉDITERRANÉE
Béchar
Ouargla
Nalut
Misurata
Benghazi
Tobruk
Grand Erg Occidental
197
Beni-Abbès
El-Goléa
239
Grand Erg Oriental
Ghadamès
199
Hamada el Homra
EGYPT
Saoura
Plateau
du Tademaït
Hon
Sioua
9
52 127
57 129
59 148
61 149
62 150
79 152
84 163
OUED
DJERAT
In
Aménas
Edeyen d'Oubari
Adrar
In Salah
18
Aoulef
3
6
33
53 58 67 74 87 168
54 60 68 76 88 169
55 63 71 77 108 171
56 64 73 78 166 176
OUED MATHENDOUS
LIBYA
GÉRIE
Reggane
Illizi
229
241
242
Sebha
Libyan
Desert
TASSILI
n'AJJER
94
131
195
Fezzan
Mourzouk
Arak
187
TINTERHERT:
65 70 75
69 72 80
ACACOUS:
96 111
98 134
100 137
101 140
105 153
106 167
110 175
Ghat
Edeyen
de Mourzouk
Gatroun
128
PLATEAU
DU TASSILI:
30 104 154
38 107 158
46 113 159
51 114 160
83 115 162
90 133 170
92 135 172
95 136 173
97 138 174
102 139 232
103 147 245
Djanet
45
238
Kufra Oasis
In Ecker
HOGGAR
7
13
34
81 161
157 164
216
Tanezrouft
Tamanrasset
Plateau
du Djado
ENNERI BLAKA:
15 116 122 143
16 117 123 146
31 118 126 151
47 119 141 190
112 121 142 243
165
196
220
Djado
235
145
200 144
237 Bardai
125
12
17 Soboroum
10 11
Ténéré
Seguedine
35
236
1
20 37
130
Zouar
TIBESTI
177
ADRAR
DES
IFORAS
Iférouane
231
AÏR
Ounianga-Kébir
TCHAD
SUDAN
181
Kidal
120
205
Bilma
204
206
207
208
Arbre du Ténéré
189 213
209 210 214
211
212
215
Faya-
Largeau
ENNEDI
203
Tegguiddan-
n'Tessoum
Agadez
86
230
Djourab
Fada
8
Gao
NIGER